MW00957712

Los
Aztecas

Los Aztecas

Historia, Cultura,
Mitología, Leyendas y Profecías

Gil M. Verales

Aimee SBP™
Aimee Spanish Books Publisher
www.AimeeSBP.com
1(888) AIMEE 41   1(888) 246-3341

Aimee SBP™
Aimee Spanish Books Publisher
www.AimeeSBP.com
1(888) AIMEE 41 1(888) 246-3341

"Los Aztecas"

Gil M Verales

ISBN-10: 1-481968-07-6

ISBN-13: 978-1-481968-07-2

Printed in the USA

ÍNDICE

Introducción

Los aztecas constituyeron un pueblo de la cultura náhuatl que existió en la zona de Mesoamérica desde el siglo XIV hasta el siglo XVI.

El término azteca significa 'alguien que viene de Aztlán' y era su nombre tribal. En realidad ellos se referían a sí mismos como mexicas (pronunciado meshicas) o tenochcas. El uso del término "azteca" para referirse a todos los pueblos relacionados con los Mexicas fue sugerido por el naturalista y geógrafo alemán Alexander Von Humboldt para distinguirlos de los mexicanos.

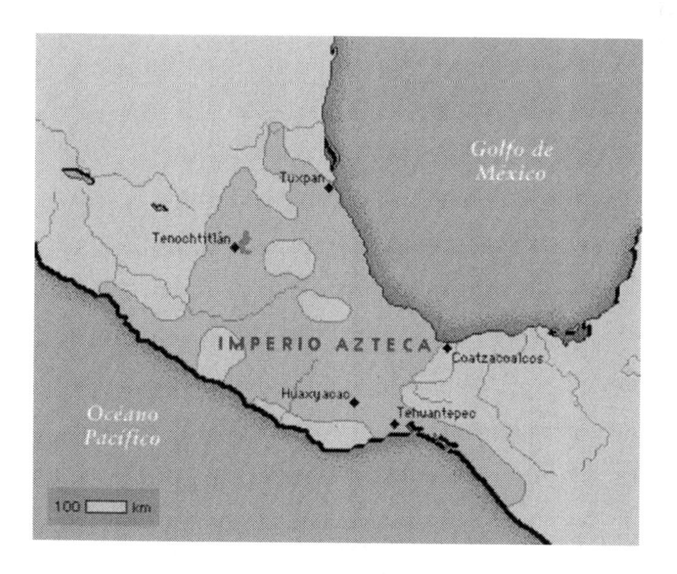

Orígenes e Imperio

Hacia el año 1300, los Mexicas fueron la última tribu del árido norte del actual México en llegar a Mesoamérica. Eran un pueblo pobre y atrasado y fueron mal recibidos por los habitantes de origen tolteca ya establecidos en el Valle de México. Por saberse repudiados, los mexicas decidieron "adoptar una cara", por lo que buscaron emparentarse con las culturas ya establecidas a través de matrimonios y aprendiendo y absorbiendo sus costumbres.

Las crónicas mexicas dicen que ellos partieron del mítico Aztlán (en lengua náhuatl 'lugar de las garzas' o 'lugar de la blancura' o 'lugar del origen') y después de una larga peregrinación llegaron al valle de Anáhuac, sin poder establecerse ni en las peores tierras. Los mexicas vagaron durante años en busca de la señal en donde debían fundar su ciudad: un águila y una serpiente sobre un nopal, hasta que en 1325 fundaron su ciudad, Tenochtitlán, actual Ciudad de México.

La ciudad fue fundada en un pequeño islote del lago de Texcoco, pero poco a poco los mexicas crearon una gran isla artificial que finalmente alojaría a una de las ciudades más grandes de su época, con unos 80,000 habitantes.

Gran parte de lo que hoy conocemos sobre los aztecas o mexicas proviene de tres documentos denominados códices aztecas, que son copias de documentos que datan desde antes de la llegada de los españoles.

El escudo de armas del actual México ilustra la leyenda del águila y la serpiente

Ya asentados, los mexicas estuvieron por varias décadas bajo el dominio del poderoso señorío de

Azcapotzalco, al que servían como soldados a sueldo.

Hacia 1430, los mexicas habían asimilado la cultura de los pueblos avanzados del valle y se habían convertido en un eficiente poder militar. Atacaron y derrotaron entonces a Azcapotzalco y se transformaron en uno de los señoríos más fuertes de la región. Iniciaron así una hazaña guerrera, que en sólo 70 años los haría dueños del más grande imperio que había existido en Mesoamérica.

El imperio sería forjado principalmente por Tlacaelel, quién convenció a los mexicas de atacar al señor de Azcapotzalco en lugar de rendirse. Tlacaelel además reformó la historia y la religión mexica. Ordenó la quema de los libros meshicas y rescribió su historia. Elevó al Huitzilopochtli, dios-mago tribal mexica, al nivel de los antiguos dioses nahuas, Quetzalcóatl, Tláloc y Tezcatlipoca. Identificó a Huitzilopochtli con el sol y creó la necesidad de sacrificios humanos constantes, también creó las guerras floridas para poder tener una fuerza militar eficiente incluso en tiempos de paz.

Huitzilopochtli

Les dio a los mexicas una conciencia histórica y la responsabilidad de mantener la existencia del universo a través de los sacrificios humanos. Esa visión místico-guerrera se contraponía a la antigua visión tolteca de Quetzalcóatl que tenían los demás pueblos nahuas. En la poesía náhuatl se puede apreciar el conflicto entre esas dos visiones del mundo. Tlacaelel rehusó convertirse en Tlatoani ('rey'), pero fue el poder detrás del trono a lo largo de tres reinados.

Moctezuma Ilhuicamina

Los mexicas formaron una alianza con los señoríos de Texcoco y Tacuba creando así lo que se conoció como la Triple Alianza. Bajo el mando de notables jefes militares, como Moctezuma Ilhuicamina y Ahuízotl, los mexicas conquistaron el centro de México, Veracruz, la costa de Guerrero, parte de Oaxaca y dominaron el territorio de Soconusco, en los límites con Guatemala. Sólo unos cuantos pueblos lograron resistir el empuje mexica: los Purépechas (también conocidos como purhépechas), los Tlaxcaltecas y algunos señoríos mixtecas.

La última etapa del imperio bajo Ahuízotl y Moctezuma Ilhuicamina se denomina Imperio Azteca pero, a diferencia de un imperio, los estados no formaban un sistema político unificado sino, más bien, un sistema de tributo. Es por ello que el Imperio Azteca, aparentemente extenso, colapsó rápidamente.

Entre los pueblos nahuas, el dirigente más importante era llamado hueytlatoque (o 'gran jefe'). Entre los aztecas posteriores a la formación de la Triple Alianza, su dirigente se conoció como huey tlatoani (o 'gran orador'). Los españoles lo tradujeron 'emperador', pero el equivalente más exacto sería el concepto griego de 'Tirano', que no tenía la connotación negativa que tiene ahora. El tlatoani era elegido por un consejo; una vez elegido, su poder no tenía restricciones. Sin embargo, se sospecha que un Tlatoani, Tizoc, fue envenenado por el consejo, por ser considerado inepto y débil.

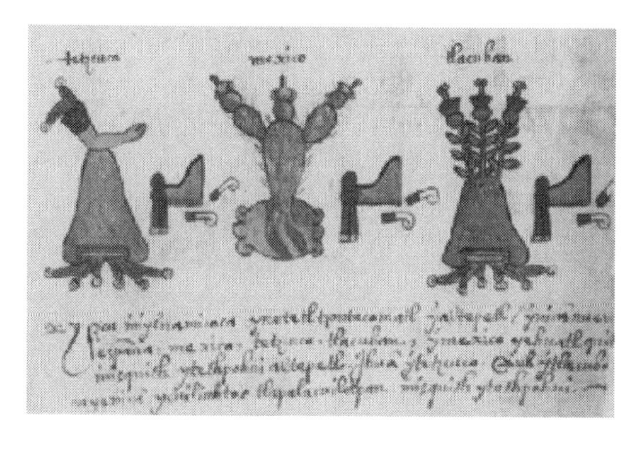

Representación pictográfica de la Triple Alianza en el Códice Osuna

La sociedad azteca

Los mexicas eran originalmente un pueblo seminómada, que se establecía de manera provisional para sembrar y cosechar. Por eso, en un principio, su población se dividía en una minúscula clase sacerdotal dirigente y el resto funcionaban como campesinos-soldados. Al establecerse en Tenochtitlán, la sociedad mantuvo la división en macehuales (campesinos) y pillis (la clase dirigente). Sin embargo, debido al rápido crecimiento del imperio azteca su sociedad también tuvo una rápida evolución.

La división entre macehuales (ó macehualli) y pillis no era hereditaria, aunque tendía a serlo, ya que los hijos de los pillis tenían acceso a una mejor educación y a mejores recursos. Los españoles los llamaron nobles por su incapacidad de comprender una cultura diferente de la europea.

Individuos aztecas jugando al patolli, según el Códice Magliabecchianus

Todos los jóvenes mexicas eran entrenados en la guerra. Al cumplir la mayoría de edad se les rapaba la cabeza y sólo se dejaban crecer un mechón de pelo, que sólo podían cortarse al obtener su primer prisionero, con lo cual podían pasar a formar parte del ejército permanente. Era humillante tener un mechón de cabello largo, un joven prefería ser un humilde macehual que un soldado con el mechón largo. Según el número de prisioneros, se podía subir de rango y recibir riquezas de los tributos, para eventualmente convertirse en pilli. Al capturar 4 o 5 prisioneros podía obtener el título de guerrero jaguar o águila (a veces también traducido 'capitán'). Originalmente, un tlatoani fue alguien que hubiera capturado

17 prisioneros. La sociedad azteca estaba organizada para ofrecer grandes privilegios a la clase guerrera.

Sacerdocio

Se sabe poco de la jerarquía sacerdotal mexica. Poseían tierras propias, no pagaban impuestos, recibían ingresos del tributo y la gente común les prestaba servicios. Los sacerdotes eran los intelectuales de la sociedad mexica, los maestros de educación superior y los historiadores. Ejercían influencia indirectamente sobre el Estado mexica. Los sacerdotes más importantes participaban en la elección del nuevo soberano mexica. Los sacerdotes comúnmente eran pilli, pero algunas personas de clase baja también fueron sacerdotes. El sacerdocio estaba compuesto de muchas personas; se sabe que en la época de la Conquista eran unos 5,000.

Las crónicas no hacen mención de mujeres sacerdotisas y, aunque hay adornos e ilustraciones que las muestran dirigiendo ceremonias religiosas, es probable que su papel fuera muy limitado.

Fragmento de un códice azteca previo al siglo XVII

Clases sociales

Pochteca: La abundancia de tributos dio lugar a una tercera clase, los "pochtecas", mercaderes que exportaban hasta comunidades muy lejanas. Eran muy importantes en la economía mexica. A pesar de ser ricos o influyentes, debían pagar tributos. Algunos llegaban a ser tan ricos que podían convertirse en pilli y ser miembros de una orden guerrera: Los guerreros pardos.

Dado que su riqueza no provenía de la guerra, los pochtecas eran despreciados por los pillis. Sin embargo, su poder aumentó porque los guerreros dependían de ellos para la repartición de riquezas. Estos les enviaban su botín de guerra y otros tributos, a cambio de mantas, plumas finas, esclavos, etc.

Dos pochtecas ofrecen su mercancía a un noble. Uno ofrece huipiles y anillos, aretes y diademas de oro, el otro ofrece puntas de obsidiana, agujas, campanillas y estambre teñida de conejo. Código Florentino

Los pochtecas eran utilizados también para el espionaje. Cuando el tlacatecuhtli necesitaba informes sobre territorios enemigos o desconocidos, solicitaba sus servicios para que hicieran expediciones comerciales a esos lugares; dentro de la expedición iban espías disfrazados como ellos. Estas actividades de espionaje eran muy peligrosas, los pochtecas corrían grandes riesgos cuando eran descubiertos, por eso si regresaban salvos a Tenochtitlán con el informe, el tlacatecuhtli les recompensaba.

En su oficio, tenían dos jefes muy influyentes. Los pochtecas tenían jurisdicciones y judicaturas, regían a otros mercaderes, si uno de ellos cometía un delito, ellos mismos lo juzgaban. Si un pochteca mataba a otro, ellos mismos lo juzgaban y determinaban fecha y lugar donde lo encontrarían para matarlo.

Macehualli: También el concepto de macehualli cambió con el crecimiento de la ciudad.

Originalmente eran simples campesinos, pero conforme la ciudad creció muchos tomaron otros oficios. Eduardo Noguera (Anales de Antropología, UNAM, Vol. 9, 1974, pág. 56) estima que en los últimos días del imperio menos del 20% de la población se dedicaba exclusivamente a la producción de alimento.

Muchos de ellos cumplían otras funciones, además de ser artesanos, también había policías, curanderos, cantores, jugadores de pelota, pintores, constructores, prostitutas, etc.

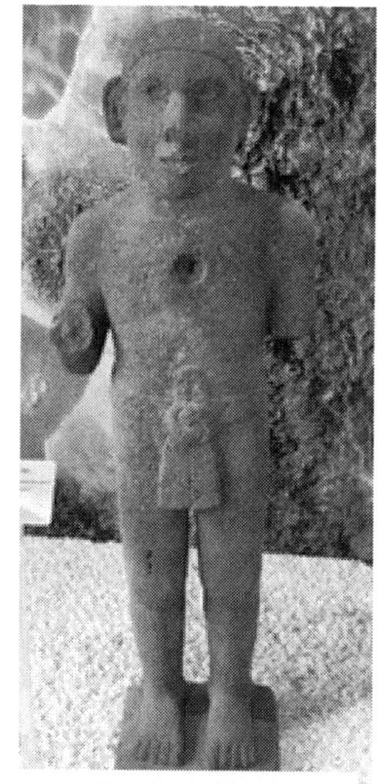

Macehual, Museo Nacional de las Intervenciones.

Macehualli trabajando. Sembrando, cultivando y construyendo ollas.

Códice Florentino, Volúmen I, p. 315 r-v. Biblioteca Medicea Laurenziana, Firenze.

Esclavitud

Otra clase social importante eran los esclavos. Sin embargo el concepto de esclavo era tan diferente del concepto europeo que Bernardino de Sahagún menciona que tal vez no se les debería llamar así.

En primer lugar, la esclavitud era algo personal que no se extendía a la familia del esclavo: tanto sus hijos como su cónyuge seguían siendo libres. Un esclavo no podía ser maltratado o podía exigir su libertad; tampoco podía ser vendido a otro amo sin su propio permiso, podía tener pertenencias personales e incluso otros esclavos, podía recuperar su libertad si pagaba el precio de su venta, también recuperaba su libertad si se casaba o tenía hijos con su dueña o dueño.

Un curioso método de recuperar la libertad es mencionado por Manuel Orozco y Berra en La civilización azteca (1860). Según este autor, si el esclavo lograba cruzar las paredes que rodeaban el tianquiztli ('mercado') y pisaba excremento humano, podía presentarse ante un juez y solicitar su libertad.

Los jueces lo hacían lavar y le proporcionaban ropas nuevas (que no pertenecieran a su amo) y después se presentaban ante el amo para comunicarle la libertad del esclavo. Durante su huida sólo los familiares del amo podían participar en la persecución del fugitivo, pues a diferencia de la institución europea, si una persona trataba de impedir la fuga de un esclavo podía ser declarada esclavo ella misma.

Por otra parte, un esclavo podía ser castigado si era declarado incorregible o indolente ante un juez. Si el juez lo confirmaba, se le colocaba una collera de madera. Además de mostrar su condición de incorregible, la collera le impedía pasar por espacios estrechos y dificultaba la huida. Si el esclavo continuaba con su actitud, podía ser vendido sin su consentimiento. Al ser vendido el comprador era informado de cuántas veces había sido vendido, pues un esclavo que hubiera sido vendido más de 4 veces alcanzaba altos precios, ya que entonces podía ser ofrecido en sacrificio (a diferencia de los soldados). Esta era la única manera en que los comerciantes podían ofrecer un sacrificio humano.

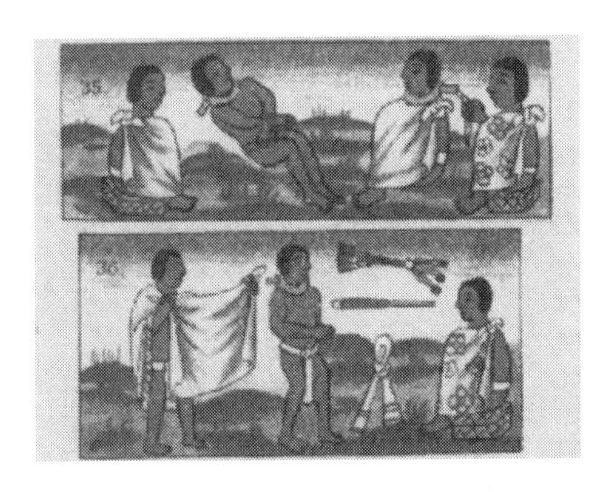

Figura del mercado de esclavos: el esclavo tiene un collar de madera, indicando posible enfermedad o mal comportamiento.

Existían diferentes maneras de convertirse en esclavo, la razón usual eran las deudas. En caso de necesidad una persona podía presentarse en el mercado a solicitar su venta. La persona recibía el precio de la venta, que era el equivalente a 20 mantas finas, suficiente para vivir durante un año. Una vez que la persona pagara sus deudas o después de un plazo determinado de antemano, se debería presentar con su nuevo dueño. Usualmente quienes caían en la esclavitud por esta razón, eran los jugadores empedernidos y las ahuiani (prostitutas) viejas que ya no podían continuar con su oficio. También un padre podía vender a uno de sus hijos como esclavo, si éste era declarado como indolente o incorregible ante una autoridad. En casos de homicidio, el homicida podía salvar la vida, si la viuda de la víctima lo solicitaba como esclavo.

Educación

Hasta la edad de 14 años, los padres se encargaban de la educación de sus hijos, siendo supervisados por las autoridades de su calpulli. La educación estaba basada en los huehuetlahtolli, o 'palabras de los ancianos', que representaban los ideales mexicas.

Los huehuetlahtolli eran una colección de dichos y discursos para todos los aspectos de la vida. Había palabras para recibir al recién nacido y para despedir a los fallecidos. Los padres recomendaban a sus hijos a ser trabajadores, humildes y austeros. Las madres recomendaban a sus hijas a lavarse diariamente, a no usar maquillaje para no parecer ahuiani (prostitutas), y a apoyar a sus maridos, sin importar si eran humildes y pobres. En la actualidad se conservan alrededor de 180 huehuetlahtollis.

Un fragmento de los consejos de un padre nahua a su hija de 6 años dice:

> Se vive en la tierra, se es jefe, señor, noble, águila, tigre. Hay quienes nomás buscan morirse. Pero se actúa, se vive, se construye, se trabaja, se busca uno mujer, se casa él, se casa ella, se madura.
>
> Pues ahora, mi niña, oye bien, mira con calma; aquí está tu madre, tu señora, de cuyo seno y entrañas te despegaste, te desprendiste; como una plantita, como una hierbita te alzaste, echaste hojas, floreciste; como si hubieras estado dormida y despertaras.
>
> Mira, oye, entiende, así son las cosas en la tierra. No vivas de cualquier modo, no vayas por donde sea. ¿Cómo vivirás, por dónde has de ir? Se dice, niña mía, palomita, chiquita, que la Tierra es en verdad un lugar difícil, terriblemente difícil. (Códice Florentino)

Muchos de los huehuetlahtolli no son de origen mexica, pues por su estilo probablemente fueron compuestos varios siglos antes y son comunes a otros pueblos nahuas.

Al cumplir los 15 años, había dos instituciones para recibir a los jóvenes:

El tepochcalli o casa de los jóvenes, donde los hijos de los macehuales recibían instrucción en la guerra, la historia, la religión y el canto, además de un oficio (la agricultura y alguna artesanía) y;

El calmécatl, donde eran educados los hijos de los pillis, se concentraba en la formación de dirigentes (tlatoques), sacerdotes, sabios (tlamatinime), escribas o pintores de códices (tlacuilo). Estudiaban los rituales, la lectura de códices, la interpretación del calendario, el canto y la poesía. También se les enseñaba a hablar bien (la clase alta mexica tenían un estilo propio de hablar). También recibían educación en las artes militares.

Las fuentes históricas son contradictorias en el hecho de si el calmécatl estaba sólo reservado a los hijos de los pillis, si era posible escoger o si los jóvenes talentosos podían ser escogidos por las autoridades, pues hay menciones de hijos de macehuales que estudiaron en el calmécatl. También es posible que los hijos de los macehuales prefirieran tener una oportunidad de sobresalir como guerreros, en lugar del lento ascenso que implicaría para ellos ser sacerdotes o escribas.

Si los jóvenes mostraban talento podían tener otras oportunidades. Los jóvenes de ambos sexos que sobresalían en el canto eran seleccionados para el cuicalli o casa de música. Y los muchachos que eran ágiles podían ser seleccionados para el juego de pelota. Ambas profesiones eran muy respetadas.

Deportes y Juegos

Todos los aspectos de la vida de los aztecas giraban en torno a la religión, incluyendo los deportes y los juegos. Los dos principales juegos aztecas eran el patolli, un juego de mesa parecido al backgammon, y el juego de pelota ulama, el cuál practicaban otras antiguas civilizaciones mexicanas, como los mayas, mucho antes que los aztecas.

Patolli, juego de mesa

A pesar de que nadie sabe con exactitud cómo era el juego de pelota, sí se sabe que participaban dos equipos, cada uno de dos o tres jugadores, con una pelota de goma en canchas especiales para este juego. Era peligroso por la velocidad a la que se lanzaba la pelota de un lado de la cancha al otro con ayuda de la cadera ya que no estaba permitido usar los pies ni las manos.

El juego variaba según el día y el lugar. Además de ser un deporte, el juego de pelota tenía un significado religioso. La cancha representaba el mundo y la pelota era la Luna y el Sol. Se hacían apuestas al comienzo del juego e incluso algunos jugadores lo perdían todo, incluyendo su vida ya que, por lo general, el equipo perdedor era sacrificado.

Ulama, juego de pelota

Ulama, Código Magliabechi

México – Tenochtitlán

La ciudad tenía una admirable simetría. Estaba dividida en 4 campán (secciones de la ciudad) y cada campán estaba dividida en 20 calpullis o barrios. La ciudad estaba cruzada de lado a lado por tres amplias avenidas que se extendían hasta tierra firme. Los calpullis estaban divididos por tlaxilcalli o canales. Paralelos a estos canales siempre había una amplia calle. Los canales se cruzaban por puentes de madera que de noche eran removidos.

Los canales se usaban para el transporte con barcazas hechas de totoras. Había barcazas para la recolección de desperdicios y otras para la recolección de excremento, que era utilizado como abono en las chinampas. Alrededor de 1,000 gentes estaban encargadas de la limpieza de las calles. Bernal comenta su sorpresa al encontrar letrinas en las casas particulares, en el mercado público y en los caminos.

La ciudad Mexica

México - Tenochtitlán era la capital del Imperio Azteca.

Originalmente fue un pequeño islote en el lago de Texcoco y creció hasta convertirse en una gran isla artificial de unos 8 kilómetros cuadrados.

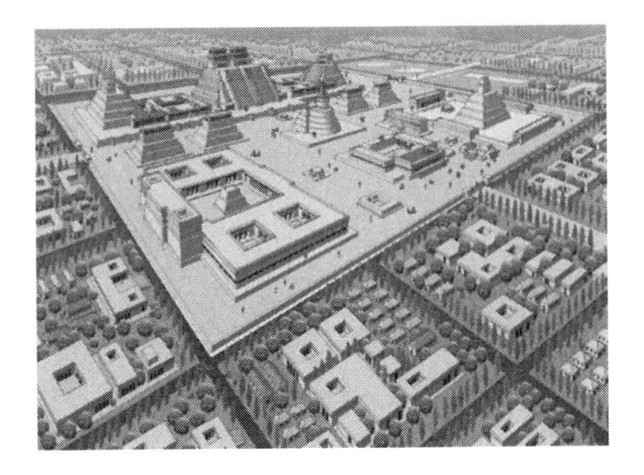

No existe un consenso sobre la población de Tenochtitlán, la mayor parte de los historiadores dan un valor conservador entre 80,000 a 110,000 habitantes, más grande que la mayor parte de las ciudades europeas de su época, sobrepasado sólo por Constantinopla (con 200,000 habitantes), París (con 185,000) y Venecia (con 130,000).

Otros historiadores dan otros estimados: Eduardo Noguera, basándose en mapas antiguos, calcula 50,000 casas y 300,000 habitantes; Soustelle calcula 700,000 habitantes al incluir la población de Tlatelolco y la de las isletas y ciudades satélites de la zona. Tlatelolco originalmente era una ciudad independiente del poder mexica, pero eventualmente fue absorbida y convertida en un suburbio de Tenochtitlán.

Escultura que rememora el momento en que los aztecas encontraron la señal para la fundación de su ciudad (Tenochtitlán) dada por Huitzilopochtli. La escultura se encuentra en la Ciudad de México.

A pesar de que el lago de Texcoco era salado, la ciudad estaba rodeada de agua dulce gracias a los diques construidos por los aztecas y que permitían concentrar ahí el agua que desembocaba de los ríos que alimentaban al lago. La ciudad contaba con dos acueductos que tenían dos canales, que Bernal describe como "del ancho de un buey". Esto permitía mantener un canal en operación en tanto se le daba mantenimiento al otro. Esta agua era principalmente usada para lavado y aseo, los mexicas acostumbraban a tomar dos baños al día, y se reporta que Moctezuma tomaba cuatro. Usaban la raíz de Coplaxócotl (saponaria americana) como jabón, y la raíz de Metl para el lavado de la ropa.

La simetría de la ciudad era mantenida por medio de un funcionario llamado calmimilócatl, que debía supervisar cualquier construcción y evitar que se invadieran las calles y canales, que eran previamente construidos.

Cada uno de los calpullis tenía una personalidad, pues usualmente los artesanos y artistas se agrupaban en algún calpulli y competían contra los de otros calpullis. En el caso de las festividades, cada calpulli trataba de superar a los otros. Actualmente, en la zona sur de la ciudad de México aún se les llama calpullis a las organizaciones generadas en torno a las iglesias católicas, y en las fiestas populares aún compiten entre ellas.

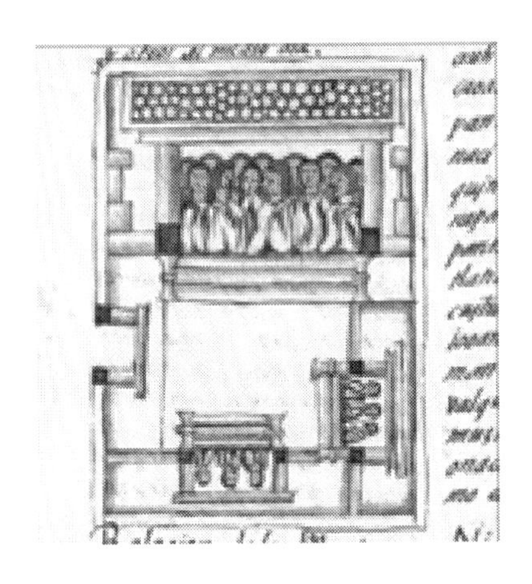

Calpulli.
Código Florentino, Libro 2

Además, cada calpulli tenía asignada una zona de tierra cultivable; los habitantes de un calpulli se repartían el trabajo de sembrar y cosechar esas tierras. Esto tendía a estrechar más los lazos entre los vecinos de un calpulli. Esta forma de posesión comunal de la tierra persiste en algunos pueblos del México moderno, aunque en general es considerada subversiva por el gobierno. Desde la invasión, durante siglos los campesinos han tenido que luchar para poder mantener esas tierras comunales y que no les fueran arrebatadas por los terratenientes.

Cada calpulli tenía su propio tianquiztli ('mercado'). Actualmente en la ciudad de México, se les llama tianguis a los pequeños mercados que se ponen un solo día a la semana.

Además del mercado del calpulli existía un mercado principal en Tlatelolco. Cortés reporta que este mercado era dos veces más grande que la ciudad de Sevilla y que había 60,000 personas comprando y vendiendo diariamente. Bernardino de Sahagún nos da una cifra más conservadora de 20,000 personas durante días comunes y 40,000 en los días de fiesta.

En el centro de la ciudad se encontraba un recinto amurallado donde se encontraban los principales templos y la casa de los jóvenes. Cerca de ahí se encontraba el palacio de Moctezuma, que disponía de 100 habitaciones con baño propio para los visitantes y embajadores. Fue ahí donde se alojaron los hombres de Cortés, junto con sus aliados Tlaxcaltecas.

El palacio de Moctezuma tenía varios anexos. Uno de ellos era la casa de las fieras: dos recintos donde se cuidaban animales de gran parte de Mesoamérica. Un recinto estaba dedicado a las aves de rapiña y el otro a una gran variedad de animales, que incluía aves, reptiles y mamíferos. Alrededor de 300 personas estaban encargadas del cuidado de los animales. Existía también un jardín botánico dedicado especialmente a las plantas medicinales. Otra sección era una especie de acuario, que contenía 10 estanques de agua salada y 10 estanques de agua dulce para peces y aves acuáticas.

Los canales se cruzaban por puentes de madera que de noche eran removidos. Fue tratando de cruzar estos canales de noche que los invasores perdieron la mayor parte del oro que habían robado del palacio de Moctezuma. El trazo de los canales aún se conserva en el trazo de las avenidas la actual ciudad de México. Durante la huida, el desesperado lugarteniente de Cortés, Pedro de Alvarado (1495-1541), logró cruzar de un salto uno de estos amplios canales. Por su "proeza", este canal se ha renombrado como la calle Salto de Alvarado.

Chalupas (pequeños barcos adornados) navegan en Xochimilco al sureste de la Ciudad de México. Un ejemplo del uso de canales.

Agricultura, caza y pesca

La agricultura fue la base de la economía azteca, y el maíz, la calabaza y el poroto, los cultivos más importantes. Los agricultores usaban métodos sofisticados de cultivo, y en la época de la conquista española los aztecas eran los más grandes cultivadores de plantas en el mundo. El trabajo humano era vital, debido a que no había animales de carga. Los métodos de agricultura variaban dependiendo del clima y la geografía del área. Para los aztecas, los cultivos más productivos crecían en las chinampas, que son terrenos construidos en lagos pantanosos.

Chinampas aztecas

La caza y pesca fueron actividades importantes en la cultura azteca. La carne y el pescado eran parte de la dieta, dependiendo de lo que hubiera en el área. Las criaturas más grandes eran los pécaris (de la familia del cerdo) y los venados. Se cazaban con arcos y flechas. Los animales más pequeños como conejos y perros se atrapaban con redes. Los aztecas pescaban mariscos, peces grandes y hasta mamíferos acuáticos con redes, arpones y cañas. Fabricaban sus anzuelos con espinas resistentes de cactus, conchas y huesos.

Vida familiar y el hogar

El hombre azteca, como esposo y padre, era responsable del bienestar de su hogar. Tenía que apoyar tanto a su familia como a su gobierno, mediante trabajo arduo y pago de impuestos. La mujer como esposa y madre, dedicaba su tiempo y energía en atender su hogar y cuidar a sus hijos. A las hijas se les enseñaban labores domésticas, como tejer y cocinar; y los hijos seguían a sus padres mientras ellos trabajaban. Los niños tenían educación gratuita, y los nobles tenían sus propias escuelas. Los aztecas vivían en casas sencillas, muchas con sólo un cuarto principal y muy pocos muebles. Las casas eran hechas de adobe. Para los aztecas, los muebles consistían en algunas camas de junco para la ropa. Los hogares aztecas tenían un patio con una cocina y un pequeño altar para sus dioses, el baño estaba en otro edificio. Las casas de los nobles acaudalados y dignatarios tenían más cuartos, muebles más detallados y un jardín más grande.

El baño formaba parte de la vida cotidiana de los aztecas

Alimentación

La agricultura era la base de la vida económica azteca y el maíz la planta alimenticia por excelencia, cuyo grano preparaban en diversas formas: tortillas, tamales, atoles, etc. Además del maíz, sembraban frijol, calabaza, tomate, chía y huauhtlí. Traian granos de otros lugares para completar el abastecimiento de Tenochtitlan, y de las regiones subtropicales: chile, cacao, vainilla, miel, tabaco y otros productos. Del maguey obtenían el pulque y los gusanos que cría dicha planta. Recolectaban plantas y hierbas comestibles, así como frutos silvestres, como por ejemplo, tunas de diversas clases. El lago de Tetzcoco (hoy Texcoco) les proporcionaba la sal. Tenían pocos animales domésticos; solo pavos (guajolotes) y perros; los cuáles engordaban, para comérselos. Los perros eran de una cierta especie, (xoloscuintle) a los cuáles se les suele llamar "perros pelones".

Era muy escaso el desarrollo de la ganadería, no tenían vacas, cabras, cerdos, ni caballos y, por consiguiente, no conocían la leche ni el queso. No había grasa para freír y todo se comía asado o hervido.

Preparando tamales

El comercio

La capital tenochca era un centro productor muy importante donde se fabricaban, entre otras cosas, tejidos, mosaicos de pluma, orfebrería de oro y plata, artículos que los pochteca se encargaban de difundir hasta regiones tan alejadas como Chiapas y Guatemala. La función de estos comerciantes era no sólo económica, sino política y militar; en ocasiones hacían por sí mismos la guerra o servían al rey, disfrazados, para fines políticos, principalmente el espionaje. Vivían en barrios especiales y poseían deidades, jefes y tribunales propios.

La organización de los mercados interiores (tianguis) era también digna de llamar la atención. Los había cada cinco días en los pueblos pequeños, pero a diario en ciudades como Tenochtitlan, Tetzcoco, Tacuba y Tlatelolco. Aunque predominaba el trueque, ciertas mercaderías como el cacao, las joyas, las mantas, etc., eran admitidas como pago en las compras, realizando así la función de la moneda.

Mercado de Tlatelolco. Mural de Diego Rivera

El ejército

Caballero-Águila. Museo del Templo Mayor. Ciudad de México

Desde la niñez se inculcaba al pueblo azteca el espíritu guerrero; a raíz del nacimiento, el varón recibía armas que sus propios padres ponían en sus manos. Más tarde, en el telpochcalli, lo adiestraban en el manejo de ellas y acompañaba en las luchas, a manera de escudero, a un guerrero experimentado. Además, la carrera militar proporcionaba prestigio.

Los guerreros que lograban capturar mayor número de víctimas, para futuros sacrificios, obtenían grandes honores y tenían derecho a usar trajes más ornamentados según el número de cautivos que hubieran hecho; a pertenecer a las órdenes militares de los Caballeros Águilas o de los Caballeros Jaguares y; en caso de proezas excepcionales, podían recibir como premio concesiones de tierras o retribuciones especiales de su calpulli. El guerrero, por otra parte, creía que, si llegaba a morir en combate, su alma iría a uno de los paraísos de Tláloc.

Pertenecían al ejército, en calidad de soldados, todos los hombres capacitados de la tribu. El ejército estaba organizado en grupos pequeños de veinte hombres, algunos de los cuales integraban conjuntos mayores de doscientos a cuatrocientos individuos. Los jefes ordinarios y los miembros de las órdenes guerreras mandaban las unidades menores. El conjunto de las tropas del clan se dividía en cuatro secciones que estaban al mando de los jefes de los cuatro barrios municipales. La autoridad suprema quedaba en manos de los caudillos militares de la tribu.

El arte de guerra mexica abarca los aspectos más importantes del modo de guerrear y pelear que tenía esta sociedad militarista del Posclásico Tardío. Las fuerzas militares, armamento y estrategia fueron vitales para las expansiones realizadas en el Posclásico Tardío por la civilización mexica en Mesoamérica. Este tema también abarca en particular la historia militar de los mexicas, la última Triple Alianza de Mesoamérica que integró la ciudad-estado de Tenochtitlan junto con las ciudades-estado de Tetzcoco, Tlacopan (hoy Tacuba), y otras fuerzas militares aliadas de la región central de México.

Las fuerzas armadas estaban compuestas de un gran número de plebeyos (yaoquizqueh) que sólo poseían conocimientos y capacitación militares básicos, y un pequeño pero todavía considerable número de guerreros profesionales, pertenecientes a la nobleza (pipiltzin), los cuales se organizaron en diferentes sociedades guerreras, a las cuales eran integrados según sus logros en el campo de batalla. El estado mexica estaba centrado alrededor de la expansión militar y del predominio político sobre otros pueblos, además de la exigencia de tributo de otras ciudades-estado, por lo cuál la guerra era la fuerza básica en la política mexica. La sociedad mexica también estaba centrada alrededor de la guerra; cada hombre mexica recibió formación militar básica desde temprana edad, ya que la guerra no solo era importante para el bien del imperio, también era para muchos, la única posibilidad de ascender en la pirámide social mexica, la única forma de dejar de ser plebeyos (macehualtzin).

Un guerrero mexica se destacaba por sus logros y habilidades militares, especialmente la toma de cautivos (maltin) para el sacrificio. El sacrificio de cautivos de guerra era una parte importante de muchos festivales religiosos de los mexicas. La guerra fue la principal fuerza impulsora de la economía del imperio y de la religión mexica.

La guerra Mexica

Hubo dos objetivos principales en las guerras mexicas. El primer objetivo era político: el sometimiento de las ciudades-estado enemigas a fin de obtener el tributo correspondiente y ampliar la hegemonía política mexica. El segundo objetivo era religioso y socioeconómico: la toma de cautivos para ser sacrificados en ceremonias religiosas. Estos dos objetivos también influyeron en el tipo de guerra practicado por los mexicas. La mayoría de las guerras fueron principalmente por cuestiones políticas y fue impulsada por las expectativas de la nobleza mexica para con el huey tlatoani

Además la guerra sirvió para proporcionar crecimiento económico al imperio mediante la ampliación de los territorios imperiales, aumentando las fuentes de materias primas para el comercio y la sociedad, cosa que fue posible gracias a la expectativa de los plebeyos de tener una oportunidad de avanzar en la sociedad mediante el éxito en la guerra. La primera acción de un tlatoani electo siempre era una campaña militar con el doble propósito de demostrar su capacidad como guerrero y así como dejar claro que sería tan duro sobre cualquier conducta rebelde como su predecesor, además también era para suministrar abundantes cautivos para los festejos de su ceremonia de coronación. Una campaña de coronación fallida era vista como un muy mal augurio para la figura del tlatoani, ya que podría significar rebeliones en ciudades-estado (altéptl) sometidas por anteriores tlatoanis y la nobleza mexica dudaría de su capacidad de gobierno. Este fue el caso de Tízoc quien fue envenenado por los nobles mexicas después de varias campañas militares fallidas.

Fortificaciones

Las fortificaciones no solían ser muy utilizadas por los mexicas para controlar el territorio dentro de su imperio, pero hay ejemplos de fortificaciones construidas por los mexicas. Importantes ejemplos son las fortificaciones en Oztuma (Oztoman) donde los mexicas construyeron una guarnición para mantener a los rebeldes chontales bajo control; en Quauhquechollan (hoy Huauquechula), cerca del actual Atlixco, los mexicas construyeron un fuerte a fin de tener fuerzas siempre cerca de sus enemigos tradicionales los tlaxcaltecas, , chololtecas y huejotzincas, y en Malinalco cerca de Toluca, Ahuízotl mandó construir guarniciones y fortificaciones para vigilar a los matlatzincas, mazadas y otomíes y para tener tropas cerca del belicoso estado purépecha.

Las fronteras también fueron vigiladas y al menos parcialmente fortificadas.

La conquista azteca terminaba con la quema del templo principal de la ciudad enemiga

Guerras Floridas

Otro tipo de guerra practicado por los mexicas fueron las llamadas guerras floridas (xochiyáoyotl). Este tipo de guerra se luchó con pequeños ejércitos con previo acuerdo entre las partes involucradas. No estaban encaminadas a conquistar el altépetl enemigo, sino que sirvió a otros fines. Una era la toma de cautivos para el sacrificio y esto fue sin duda una parte importante de la mayoría de las guerras mexicas. Fray Diego Durán afirma en sus crónicas que el xochiyáoyotl fue instituido por Tlacaélel durante la gran hambruna de Mesoamérica (1450-1454) bajo el reinado de Moctezuma Ilhuicamina. Estas fuentes afirman que Tlacaelel organizó con los dirigentes de Tlaxcala, Cholula, y Huexotzingo, para participar en batallas rituales que proporcione a todas las partes suficientes víctimas a apaciguar los dioses. Ross Hassig en 1988 planteó que el xochiyaoyotl tenía otros propósitos más políticos que religiosos, entre los cuales estarían:

1. Demostrar la superioridad militar mexica.
2. Debilitar gradualmente a otros altépetl.
3. Someter a enemigos difíciles como los tlaxcaltecas, sin entorpecer otras actividades del imperio.
4. Convencer a la gente, tanto a los propios mexicas como a otros pueblos, que era mejor no desobedecer al imperio, cosa que reafirmaba con los sacrificios hechos en el Templo Mayor de Tenochtitlán.

Organización del ejército

El ejército mexica estaba organizado en dos grupos. Los plebeyos, los cuales fueron organizados en divisiones llamadas calpulli, las cuales estaban bajo las órdenes de un tiachcahuan y/o de un calpoleque; y los nobles, que fueron organizados en sociedades de guerreros profesionales. Aparte del tlatoani, los dirigentes de los guerreros mexicas fueron el gran general, o tlacochcalcatl y los generales de tropa o tlacateccatl. El tlacochcalcatl y los tlacateccatl también tenían que nombrar sucesores antes de ir a cualquier batalla a fin de que si murieran pudieran ser reemplazados inmediatamente.
Los sacerdotes también tomaron parte en la guerra, llevando las efigies sus deidades en la batalla junto a los ejércitos.
Los hijos de los nobles eran educados y entrenados en el calmecac donde recibían educación militar avanzada así como en otros temas tales como astronomía, calendarios, poesía y religión. Por otra parte los hijos de plebeyos fueron educados en el telpochcalli donde recibían formación militar básica y aprendían un oficio.

Rangos

Los guerreros sobresalientes en la batalla podían ser ascendidos a nobles y podían introducirse en algunas de las sociedades guerreras (al menos entre los guerreros águila y los guerreros jaguar). Los hijos de nobles capacitados en el calmécac sin embargo tenían que entrar en una de las sociedades progresando a través de los diferentes rangos, como cualquier otro soldado. Los guerreros podrían pasar de una sociedad a otra, cuando tuvieran suficiente mérito; exactamente cómo sucedía esto es incierto. Cada sociedad tenía diferentes modos de vestir y diferente armamento así como diferentes estilos de pintura corporal y facial y adornos en el uniforme.

Página del códice Mendoza que muestran diversos rangos aztecas

Guerreros Otomíes

Los Otomíes (Otomih u Otontin) fueron otra sociedad guerrera la cual tomo su nombre de la gente otomí, la cual se resistió enérgicamente a la conquista. En fuentes históricas es frecuente confundir si la palabra otomitl "Otomi" se refiere a los miembros de la sociedad guerrera mexica, o a los miembros del grupo étnico que muchas veces se unió a los ejércitos mexica como mercenarios o aliados

Guerreros Rapados

Los guerreros rapados (Cuachicqueh) eran la sociedad guerrera más prestigiosa. Sus cabezas estaban rapadas, excepto por una cresta de pelo al centro y una trenza sobre la oreja izquierda. Pintaban sus calvas y rostros en una mitad azul y en la otra rojo o amarillo. Al iniciarse juraban no dar un paso atrás durante la batalla bajo pena de muerte a manos de sus camaradas.

Armas arrojadizas

Átlatl: Era un arma utilizada para lanzar pequeñas jabalinas llamadas "tlacochtli" con mayor fuerza y mayor alcance que al ser lanzadas a mano. Murales en Teotihuacan muestran guerreros usando esta arma tan efectiva, que es característica de las culturas del México central. *Tlahuitolli*: Arco. *Mitl*: Flecha. *Yaomitl;* Flechas con púas de obsidiana. *Micomitl*: Aljaba mexica. *Tematlatl*: Una honda hecha con fibras de maguey.

Armas manuales

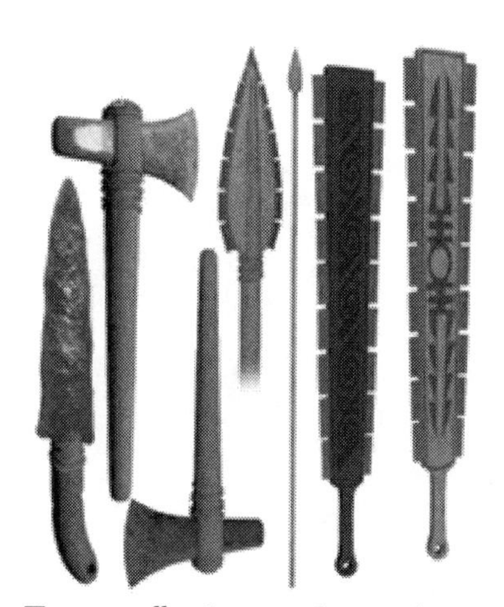

Macuahuitl: Era una arma de mano, que era esencialmente una espada de madera con filos de obsidiana incrustados en los lados. Esta era el arma básica de los grupos de élite del ejército. También llamada en español con el nombre de origen taino "macana". Según los relatos, un golpe de esta arma podía decapitar a un caballo. *Tepoztopilli*: Lanza de madera con filos de obsidiana en la punta. *Quauhololli*: Mazo de madera. *Huitzauhqui*: Mazo de madera con filos de obsidiana a los lados.

Armadura

Chimalli: Eran escudos hechos con diversos materiales; por ejemplo, madera, con la que se fabricaban los llamados "cuauhchimalli" o caña de maíz, con la que se confeccionaban los "otlachimalli". También había escudos hechos con oro, o decorados con trabajos en plumas, llamados "māhuizzoh chimalli".
Ichcahuipilli: Era una armadura de algodón acolchado, de uno o dos dedos de espesor. Este material era resistente a golpes con macuahuitl y a tiros con átlatl.
Ehuatl: La túnica que los nobles usaban sobre su ichcahuipilli o tlahuiztli.
Tlahuiztli: Eran los trajes decorados de los guerreros prestigiosos y de los miembros de las sociedades guerreras.
Pamitl: Eran las enseñas que los comandantes y guerreros destacados portaban en sus espaldas. Eran diseñadas para ser vistas a distancia.
Cuatepoztli: Era un yelmo de madera que dependiendo del rango podría ir decorado con plumas o grabados; además de que solía tener forma de cabeza de águila o de cabeza de jaguar.

Soldado, Guerrero Jaguar de la triple alianza, Capitán Mexica

Campañas y batallas

Una vez que el tlatoani tomaba la decisión de ir a la guerra se daba la noticia en las plazas pidiendo la movilización del ejército con varios días o semanas de anticipación. Cuando las tropas estaban preparadas y cualquier altépetl aliado había sido advertido y había dado su consentimiento para participar en la campaña, la marcha comenzaba. Generalmente los primeros en marchar eran los sacerdotes llevando las efigies de los dioses, al día siguiente la nobleza marchaba encabezada por el tlacochcalcatl y el tlacateccatl. Y en el tercer día el grueso del ejército mexica marchaba, seguido por los guerreros de otras ciudades de la alianza (Tlacopan y Texcoco), y finalmente, las fuerzas aliadas de otras ciudades, en algunas de estas ciudades, se unían otros guerreros durante la marcha, mientras el ejército pasaba por sus ciudades. Gracias al eficiente sistema de caminos a lo largo del México central, el ejército mexica marchaba, un promedio estimado de 19-32 kilómetros por día.

El tamaño de los ejércitos mexica variaba considerablemente de pequeños contingentes de entre unos cientos y unos pocos miles de guerreros, a grandes ejércitos con cientos de miles de guerreros. En la guerra contra Coixtlahuacan, el ejército mexica consistía de casi 200,000 guerreros y 100,000 tamames. Otras fuentes mencionan ejércitos de hasta 700,000 hombres.

Manuscrito de Tovar que representa la batalla de Azcapotzalco

La lucha normalmente empezaba al amanecer. Se utilizaban señales de humo para avisar sobre el inicio de una batalla y para coordinar ataques entre diferentes divisiones del ejército. La señal para atacar era dada por instrumentos musicales como tambores y conchas de caracoles (Tlapitzalli).

Generalmente la batalla comenzaba con flechas y lanzas. El grueso del ejército estaba compuesto por plebeyos armados con arcos y hondas. Entonces los guerreros se lanzaban al ataque, y durante esta fase, antes de la lucha cuerpo a cuerpo, se utilizaba el átlatl. Esta arma lanzamisiles era preferida para tiros cortos que las hondas y arcos, por ser mucho más letal. Los primeros guerreros en entrar en combate eran los más distinguidos guerreros de las sociedades Cuachicque (Rapados) y Otontin (Otomí); luego seguían los guerreros águila y los guerreros jaguar; y finalmente los plebeyos y jóvenes primerizos. Hasta bien entrado el combate, los rangos se mantenían y los mexicas intentaban acorralar o flanquear al enemigo, pero una vez que el combate comenzaban a intensificarse, las filas se rompían, y cada guerrero libraba su propia contienda mano a mano.

Guerreros aztecas (arquero mercenario de la nación otomí, campesino de leva y capitán aliado) Angus McBride

Los jóvenes participaban por primera vez en batalla, normalmente no se les permitía luchar antes de que la victoria mexica estaba asegurada, tras lo cual, se trataría de capturar presos durante la huida del enemigo. Se dice que, durante las guerras floridas, los guerreros mexicas solo capturaban a sus enemigos en lugar de matarlos, a veces cortando un tendón o incapacitando de otra manera a sus enemigos. Esto ha sido utilizado como argumento para explicar la derrota de los mexica ante los españoles pero ya no es considerado como algo probable. Gracias a nuevas fuentes, sabemos claramente que los mexicas mataban a sus enemigos españoles cuando tenían la oportunidad. Otras maniobras tácticas de los mexica, consistían en fingir retiradas y elaborar emboscadas: pequeños grupos de soldados mexicas atacaban primero y se retiraban con lo que atraían y hacían caer al enemigo en una trampa, llevándolos a lugares donde había más guerreros ocultos. Si un enemigo intentaba refugiarse en su ciudad, la batalla continuaba. Pero como normalmente, el objetivo era conquistar una ciudad no destruirla. Una vez que la ciudad era conquistada el templo principal sería incendiado, proclamando a lo lejos, a todos los pueblos cercanos, la victoria de los mexicas.

Si los enemigos aún se negaban a entregar el resto de la ciudad, esta podría ser incendiada, pero esto era poco frecuente.

La toma de Culyuacan en 1367 por los mexicas al servicio del rey tecpaneca Tezozomoc. Manuscrito de Tovar

Guerrero Águila

Los cuāuhpipiltin (en singular cuāuhpilli, "noble águila" en Náhuatl clásico), también llamados caballeros águilas o guerreros águilas, fueron una clase especial en la infantería militar de la armada azteca, los cuales junto a los caballeros jaguar o "ocēlōpipiltin" componían primordialmente las elites guerreras del antiguo Imperio azteca. Los "cuāuhpipiltin" fueron los únicos dentro de la sociedad guerrera azteca que no estaban restringidos por derechos de nobleza, los cuales aún los más comunes como los macehuales (la clase más baja dentro de la sociedad azteca), podían ser admitidos.

Como parte de su educación, todo joven varón mexica (mecehualli) tenía que aprender los métodos de guerra y el uso de armamentos en la escuela (telpochcalli), pero solamente los que mostraban agudeza mental y destreza podían avanzar al siguiente nivel o escuela para nobles la calmecac, y así aprender administración imperial y como gobernar, hasta llegar a ser los caballeros águilas.

Hasta la edad de catorce años, la educación de los hijos estaba a cargo de los padres, pero supervisada por las autoridades de sus respectivo Calpulli (el equivalente a un ayuntamiento). Así periódicamente estos jóvenes macehualtin (trabajadores: como comerciantes, peatones, constructores) tenían que atender a las escuelas templo (calmécac) locales, para así ser sujetos a pruebas de aprendizaje para ver su progreso, en el arte de la guerra y otros conocimientos.

El rito de paso del joven azteca para la edad aceptada como adulto, consistía en que el joven guerrero tenía que capturar su primer prisionero de guerra, generalmente era muy parecido al monto de los guerreros jaguar (ocēlōpilli), quienes tenían que capturar en una batalla a por lo menos entre 4 a 5 prisioneros, solo así podían obtener el título de cuāuhpilli (Caballero águila).

El uniforme que los guerreros águilas usaban variaba de la posición social y uso ceremonial o militar, pero estos generalmente representaban el coraje y la fuerza física que se presumía presentaba en el campo de batalla.

Sus escudos también representaban sus grados en el ejército, los cuales eran coloridos y cubiertos de plumas. En la pierna del guerrero llevaba una banda de piel, y en la cabeza usaban cabezas de águilas, o diseños con cabezas de águilas, al igual que plumas para adornarlas, las plumas variaban según el pájaro y la clase

Todos los guerreros usaban diferentes armas, una de ellas eran los atlatl (lanza dardos), arcos, espadas y otros tipos de dagas. Las espadas aztecas eran los macahuitl, garrotes de madera con puntas de obsidiana, las cuales eran muy afiladas, pero que se desgastaban o quebraban fácilmente. También usaban una coraza de pecho liviana, de acuerdo al clima de la época.

El modo de guerra del guerrero águila era una incursión rápida y estratégica a los campos enemigos, cada grupo marchaba separado, de los cuales se desprendía un contingente de fuerzas especiales, y según pelearan podían llegara tener algún título de nobleza, estos guerreros vivían cerca del Templo Mayor, en cuartos especiales, en el precinto del templo era donde se formaban para la batalla. Los cautivos eran sacrificados a los dioses

Guerrero Jaguar

Se denominaban con el nombre de "Guerreros Jaguar" (en náhuatl: ocēlōpilli) a ciertos miembros del ejército azteca, quienes eran guerreros profesionales que pertenecían a la clase baja, los mācēhualtin.

Estos soldados eran algo así como las " fuerzas especiales" del estado mexica, distinguiéndose de los guerreros águila (cuāuhpilli), que sólo podían proceder de la nobleza. Estos dos tótems se solían usar debido a la creencia que las águilas y los jaguares representaban respectivamente la luz y la oscuridad en la mitología azteca.

El guerrero jaguar solían enviarse al frente de la batalla durante las campañas militares, mientras que el guerrero águila era explorador, espía y mensajero.

Para alcanzar este estatus, debía capturar doce enemigos vivos en dos campañas consecutivas, es decir, seis en una y los otros seis en la siguiente.

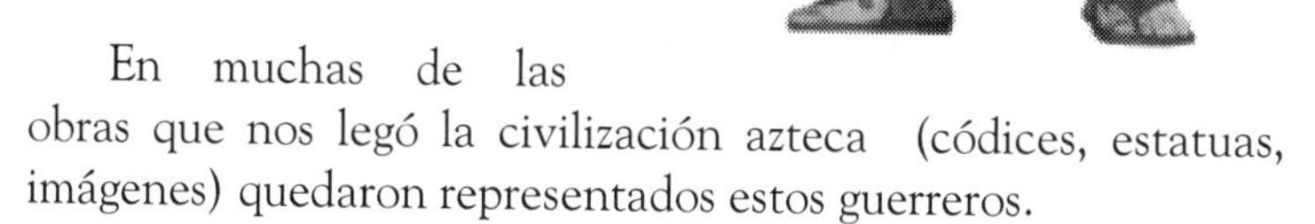

En muchas de las obras que nos legó la civilización azteca (códices, estatuas, imágenes) quedaron representados estos guerreros.

Medicina

Los aztecas atribuían a las enfermedades un origen mágico o religioso, por ejemplo, la introducción de un cuerpo extraño o la influencia perniciosa de alguna divinidad o persona. En el ejercicio de la medicina se entrelazaban con las ideas que podríamos considerar propiamente científicas, las creencias de índole mágico-religiosa, pues se admitía que las prácticas supersticiosas o la intervención de un dios podían sanar a los enfermos.

El reino vegetal constituyó el fundamento de su ciencia médica, aunque también, y aquí parece entrar ya la superstición, atribuían propiedades curativas a algunas piedras y animales.

Las plantas medicinales empleadas por los aztecas fueron bastante numerosas, como lo muestra, por ejemplo, la obra del Dr. Francisco Hernández, médico enviado por Felipe II, hacía fines del siglo XVI, con objeto de estudiar la flora medicinal de la Nueva España. En su obra, Historia de las Plantas de Nueva España, consignó Hernández unas 1500 plantas, descritas botánica y farmacológicamente, e incluyó asimismo notas sobre las propiedades terapéuticas de ellas.

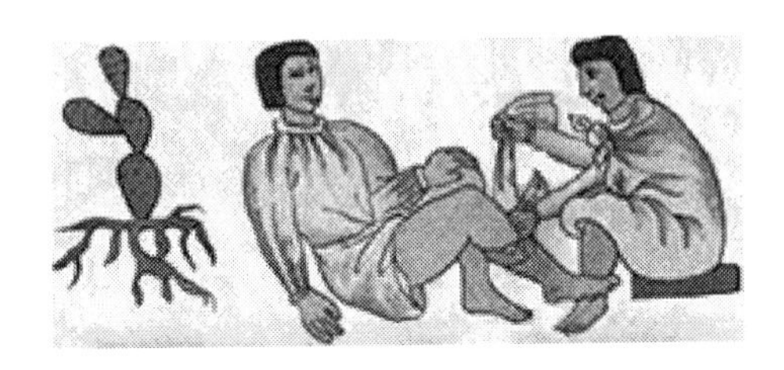

Con aceites y resinas, hacían los curanderos ungüentos y emplastos, y con hierbas, raíces, hojas y cortezas elaboraban cataplasmas, infusiones, pócimas, purgantes, polvos, etc. Utilizaban también el zumo de las plantas para preparar gotas.

Ejercían el curanderismo tanto hombres como mujeres y el acervo de conocimientos adquiridos solía ser transmitido de padres a hijos. El que trataba de ejercerlo sin haber pasado por el obligado aprendizaje, era considerado como charlatán.

Entre los males atendidos y las prácticas curativas más frecuentes estaban: la reducción de fracturas y luxaciones por medio de emplastos e inmovilización de la parte afectada; las sangrías con navajas de obsidiana o con púas de puerco espín o de maguey; la aplicación de diversos tipos de emplastos o cataplasmas, según el caso: quemaduras o mordeduras y picaduras de animales ponzoñosos. Además, los curanderos suturaban heridas, combatían hemorragias, curaban enfermedades de la piel, úlceras, inflamaciones, padecimientos del oído y de los ojos, trataban las caries dentales, atendían partos y llegaban incluso a practicar la embriotomía. El empleo medicinas de las plantas, era más científico entre los aztecas que entre los europeos de la misma época.

Médicos aztecas, Códice Florentino Libro 10

Sistemas de numeración y cronología

Tocó a los sacerdotes dirigir la vida intelectual del grupo azteca. Un aspecto muy importante de ésta fue el relativo al calendario, basado en observaciones astronómicas y en cálculos matemáticos. El calendario se dividía en ceremonial y solar.

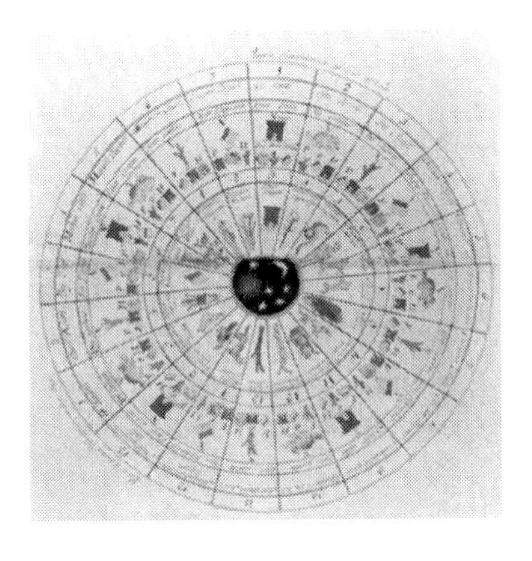

El tonalpohualli, o calendario sagrado, gobernaba la vida de los Mexicas.

El calendario ceremonial o "tonalpohualli" (cuenta de los días), confundida frecuentemente con el "tonalámatl" (papel de los días), que era el libro en que se registraba el tonalpohualli, constaba de 260 días, divididos en 20 períodos de 13 (trecenas). Los veinte nombres de los días se combinaban con los números del 1 al 13. Al concluir la serie de los números se repetía ésta al igual que la de los nombres. Así, la serie de los días empezaba con el número 1 en la primera vuelta, con el 8 en la segunda, con el 2 en la tercera, con el 9 en la cuarta, etc., hasta que después de la treceava vuelta comenzaba de nuevo otro período semejante al descrito.

Cada uno de los días y de las trecenas era presidido por un dios. Las deidades de las trecenas seguían el mismo orden que las de los días, pero se quitaba la correspondiente al día décimo primero y las demás se corrían un lugar aunque respetando su orden. Al día vacante que quedaba en la última trecena, o sea la vigésima, le correspondían dos dioses que ejercían juntos su influencia. Por último, trece de estos dioses influían sobre las trece horas del día y nueve sobre las horas nocturnas.

Conforme al calendario solar o xiuhmolpílli ("atadura de años") cada año (xíhuitl) tenía 18 meses (metztli) de 20 días (tonalli) y un período de 5 días (nemontemi) que se consideraban nefastos, en los que sólo se hacían las cosas más indispensables (18 X 20 = 360 + 5 = 365). Los meses tenían nombres que en su gran mayoría se relacionaban con las fiestas celebradas en ellos, y los días se distinguían por números que corrían del 1 al 13, asociados a cada uno de los 20 nombres.

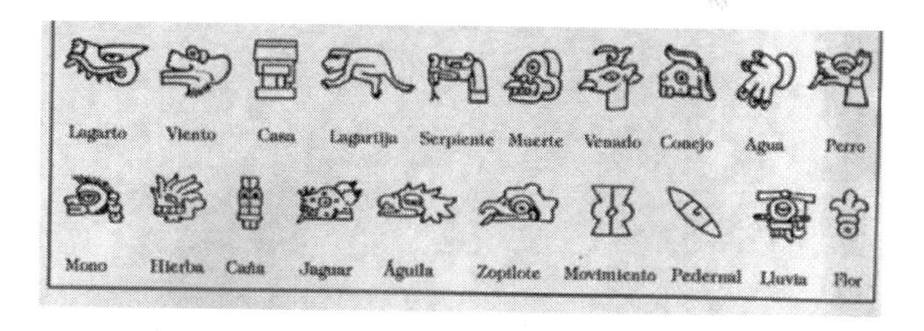

Como el número 260 (total de los días del tonalpohualli) no es submúltiplo de 365 (número de días del xíuhmolpillí), las fechas de los principios de cada año se desplazaban cinco unidades y, de ese modo, únicamente cuatro de los veinte nombres de los días -pedernal, casa, conejo y caña- coincidían con el del último día de la última veintena (inmediatamente antes de los nemontemí), que era el que daba nombre al año. Así pues, cada año era designado con el signo y numeral correspondientes al de su último día. Hasta después de transcurridos 52 (13 X 4 = 52), es decir, un ciclo azteca, el último día del año, que le daba nombre, volvía a tener el mismo signo y número del ciclo anterior.

Los aztecas tuvieron un sistema de numeración vigesimal. Empleaban puntos para representar los números del 1 al 19, una bandera (pantlí) para el 20 y sus múltiples inferiores a 400; esta cifra, o sea el cuadrado de 20, por medio de una especie de pluma de ave (tzontlí), el cubo de 20 (= 8000) por una bolsa o costal (xiquipillí). Estos signos les servían para hacer toda clase de combinaciones. Después de la conquista idearon otras señales para representar fracciones en las que se observa una indudable influencia europea.

Escritura y códices

La escritura azteca se encontraba, a la llegada de los españoles, en una etapa de transición del estado pictográfico al ideográfico, en la que se apuntaba ya un fonetismo incipiente. Esto quiere decir que en unas ocasiones se representaba la idea mediante dibujos (pictogramas), en otras se recurría a ciertos símbolos convencionales (ideogramas) y, por último, en otras se intentaba relacionar el signo con sonidos del idioma (fonemas).

Utilizaban los aztecas su escritura para consignar en manuscritos pictográficos, denominados códices, conocimientos diversos, calendarios sagrados, hechos históricos, etc.

Códice Borbónico

El material sobre el que escribían era, por lo general, de origen vegetal, aunque también utilizaban pieles de venado. Los aztecas empleaban la corteza del amate recubierto con una capa de engrudo y la fibra del maguey que entrecruzaban y alisaban a mazazos. Pegaban los trozos de "papel" así preparado para formar tiras de varios metros de longitud que después doblaban a manera de biombos protegiendo sus extremos con cubiertas de madera.

Una vez listo el libro pasaba a manos del tlacuilo, que era la persona encargada de trazar los dibujos con vivos colores. El principal códice azteca precolombino que se conoce es el Códice Borbónico, que consigna los calendarios ritual y solar. Entre los post-cortesanos destacan el Códice Mendoza, llamado Mendocino y la Matrícula de Tributos. Aquél trata de la historia mexica desde la fundación de Tenochtitlan hasta la llegada de los españoles, de los tributos que pagaban a los reyes aztecas las provincias sujetas a ellos y de las costumbres del pueblo tenochca.

Música y danza

La música, a juzgar por los instrumentos, era de ritmo fuerte, pero carecía de tono; por ejemplo, las diversas clases de flautas no tenían escala fija, el tambor de lengüetas (teponaztlí) sólo poseía dos sonidos diferentes y el caracol marino tenía una gama musical muy reducida. Otros instrumentos musicales de los aztecas eran él tambor de cuero (huéhuetl), los silbatos, las sonajas, los raspadores, etc.

Ningún pueblo de la América precolombina llegó a conocer los instrumentos de cuerda. Casi toda la música indígena desapareció o sufrió fuertes modificaciones por influencia europea.

huéhuetl

Danza azteca en el Zócalo de la Ciudad de México

A pesar de la importancia que tuvo la danza también ésta experimentó la influencia extranjera y únicamente en los sitios más apartados se ha podido conservar algo de ella. Sabemos, por las crónicas, que las danzas aztecas eran ejecutadas por grandes conjuntos y acompañadas con cantos; de éstos, sólo algunas letras han sobrevivido. La música y la danza estaban íntimamente relacionadas con la religión. En la mayor parte de las danzas indígenas que hoy conocemos se percibe una marcada influencia europea, en especial por lo que respecta a la música y al ritmo.

Artesanías

Entre las artesanías consideradas como distinguidas se hallaban las formadas por los que trabajaban la pluma (amantecas) y por los que se dedicaban a la orfebrería y la lapidaría.

Estos también, a semejanza de los comerciantes, tenían barrios especiales, no labraban la tierra y estaban organizados independientemente.

La artesanía azteca, pintura mural de Diego Rivera.

Cerámica, orfebrería, arte plumario

La cerámica "azteca" es menos variada en forma y riqueza que la de otros lugares como: Puebla y La Mixteca. En su evolución se distinguen cuatro fases. Los mexicas fabricaban también cerámica policroma hecha con un baño rojo o pintada y adornada con un motivo geométrico en negro y blanco.

Los aztecas trabajaban el oro y la plata, que obtenían de los pueblos sojuzgados. Azcapotzalco era el centro de los orfebres, cuyo dios patrono era Xipe. Hacían repujados en hoja delgadas de oro de formas variadas. El arte de la incrustación, que parece provenir de los toltecas, era también muy estimado por el pueblo azteca.

Las plumas de ricos coloridos más preciadas para el arte plumario eran traídas por los mercaderes de las regiones tropicales. Cosidas las plumas por la parte del cañón y colocadas unas sobre otras para formar dibujos servían como adorno de trajes y para hacer tocados, divisas y, abanicos. En escudos y bases rígidas componían los aztecas verdaderas pinturas por medio de plumas cortadas y pegadas en papel de amate, que después recortaban arreglando los trozos según el diseño proyectado.

Penacho de Moctezuma (réplica)
Museo Nacional de Antropología

Vasija del Dios de la muerte Mictlantecuhtli

Pequeña estatua hecha de una aleación de oro, plata y cobre, representando a un soldado.

Arquitectura y escultura

La ciudad de Tenochtitlan es conocida casi sólo por la información que dan diversas fuentes indígenas y españolas, pues de sus edificios y construcciones se conservó muy poco, ya que fue casi arrasada durante el largo sitio que padeció, y los materiales de sus monumentos fueron utilizados para la construcción de la gran urbe española que se levantó sobre ella, dejando tapados por los nuevos edificios los restos que aún quedaban de los antiguos.

El principal conjunto arquitectónico que tuvo Tenochtitlan fue el recinto del Templo Mayor, cuadrado de aproximadamente medio kilómetro por lado, que contenía numerosos edificios y templos, pequeños jardines, estanques y un manantial. Los templos tenían una plataforma, muros en talud interrumpidos por terrazas, escalinatas amplías y empinadas flanqueadas por alfardas, algunas de las cuales empezaban con enormes cabezas de serpiente con las fauces abiertas. En la parte superior se encontraba el pequeño recinto del templo cuyo techo estaba almenado. Al final de la escalinata estaba la piedra de los sacrificios donde eran extendidas las víctimas para ser inmoladas por los sacerdotes.

Ruinas del Templo Mayor, Ciudad de México.

Entre los principales edificios estaban las casas de Axayácatl y de Moctezuma, que ocupaban grandes extensiones de terreno y estaban rodeadas de jardines.

La distribución de casi todos los edificios prehispánicos se hacía alrededor de patios cuadrados o rectangulares rodeados de banquetas y de vestíbulos que daban acceso a las habitaciones. Los que pertenecían a los personajes más importantes eran de dos pisos.

Los aztecas crearon numerosos modelos escultóricos propios, al principio de forma burda, pero que poco a poco se hicieron más libres y menos rígidos en su trazo y actitud. Los rasgos principales de la grandeza de esta plástica radican en su severidad y en su dramatismo, que refleja el concepto que del mundo tenía este pueblo. Los escultores mostraron una gran habilidad en las concepciones simbólicas y en las realistas. Una figura cargada de símbolos es la de la diosa de la tierra (Coatlicue).

Los relieves aztecas son ejemplos de imágenes realistas: los que reproducen hechos históricos como la Piedra de Tizoc la hacen por medio de figuras simbólicas. Los de carácter religioso dan a conocer diversos aspectos de la religión azteca que tiene como centro el culto al Sol, cuyo monumento más señalado es la Piedra del Sol o Calendario Azteca, relieve que muestra en su parte central la imagen del Sol dividida en círculos concéntricos, el signo "4 movimiento" con el rostro del dios del sol, los símbolos de los cuatro "soles" o edades del mundo y de los cuatro puntos cardinales; a esto sigue un anillo con los veinte signos de los días y a su alrededor, de nuevo, un borde ornamental del disco solar circundado por dos grandes serpientes de turquesa, simbolizando que el cielo del día rodea y sostiene al sol.

Mitología

La mitología azteca se caracteriza por un politeísmo ilimitado. La mitología de los aztecas se trata en efecto de una religión estrictamente funcionalista; es decir, destinada a los dioses, dedicados a la conservación del mundo como entidades divinas que proveían asistencia a los hombres.

Dicho esto, existe un culto dominante sobre los demás dioses aztecas, el de su dios Sol, Huitzilopochtli. Los aztecas se consideraban como el pueblo elegido por el Sol, encargados de garantizar su recorrido por el cielo, alimentándolo. Este sentimiento fue reforzado por la reforma social y religiosa de Tlacaelel bajo el reino de los emperadores Itzcoatl, Moctezuma I y Axayacatl a mitad del siglo XV. El mito de la creación del mundo de los aztecas expande esta idea.

Coyolxauhqui,
Diosa de la luna

Mito de la creación

Según este mito, en el principio, todo era negro, sin vida, muerto. Los Dioses se reunieron en Teotihuacan planteándose la cuestión de quién tendría la carga de crear al mundo, para lo cual uno de ellos se tendría que arrojar a una hoguera. Dos de ellos fueron seleccionados como víctimas para tal fin. Sin embargo, el más fuerte y vigoroso, al momento de lanzarse a la hoguera, retrocede ante el fuego; por lo que el segundo, un pequeño dios, humilde y pobre, (usado como metáfora del pueblo azteca sobre sus orígenes), se lanza sin vacilar al fuego, convirtiéndose en el Sol. Al ver esto, el primer dios, sintiendo coraje, decide arrojarse a la hoguera, convirtiéndose en la Luna.

Aun así, los dos astros siguen siendo inertes en el cielo y es indispensable alimentarlos para que se muevan. Entonces otros dioses deciden sacrificarse y dar el "agua preciosa" que es necesaria para a crear la sangre. Por lo tanto, se obliga a los hombres a recrear eternamente el sacrificio divino original.

Coatlicue, Museo Nacional de Antropología e Historia

Relieve de Tlaltecuhtli-Tlaloc.

Deidades más importantes

Quetzalcóatl, Templo Mayor

Los dioses venerados por los aztecas eran bastante numerosos. La mayoría de ellos pueden ser clasificados dentro de cinco grupos teniendo en cuenta ciertos rasgos que parecen compartir: dioses mayores o principales, dioses relacionados con la fertilidad, dioses del fuego, dioses planetarios y estelares y dioses de la muerte y de la tierra.

Tres de las deidades más importantes del panteón azteca son consideradas como los dioses mayores: Huitzilopochtli (Colibrí del Sur), dios de la Guerra y deidad tutelar de Tenochtitlan; Tezcatlipoca (Humo espejeante), el dios siempre joven y todopoderoso, patrón de Tetzcoco y Chalco; Quetzalcóatl (Serpiente de plumas de quetzal), dios de la Sabiduría y del Sacerdocio que tenía funciones de creador y era dios del Viento (Ehécatl) y dios del planeta Venus.

Los dioses relacionados con la fertilidad se subdividen en:

a) deidades creadoras: Tonacatecuhtli, Ometecuhtlí, Tloque, Nahuaque (el Señor que siempre está cerca) y su esposa Tonacacíhuatl u Omecíhuatl;

b) dioses de la fecundidad: por ejemplo, Tlazoltéotl (Diosa de la inmundicia), estimada como Madre Tierra y venerada bajo distintas advocaciones; Chicomecóatl (Siete serpiente), diosa del Maíz; Coatlícue (La de la falda de serpiente), diosa de la Tierra que estaba asociada

Xochipilli, Museo Nacional de Antropología

con la primavera; Xochiquétzal (Quetzal florido), diosa de las Flores; Xochipilli (Príncipe de las Flores) o Macuilxóchitl (Cinco flor), dios del Placer, de las Fiestas
Y de la Frivolidad; Xipe Tótec (el desollado), dios de las Sementeras y de la Siembra, patrón de los orfebres y los dioses del fuego eran Xiuhtecuhtli (Señor del año o de la Turquesa) o Huehuetéotl (Dios Viejo), dios del Fuego y la diosa Chantico, asociada con el hogar y el fuego volcánico.

c) **dioses de la lluvia y de la humedad**: como Tláloc, el dios de la lluvia con sus ayudantes los Tlaloques: Chalchiuhtlicue (La de la falda de jade), diosa del Agua.

Entre los dioses planetarios y estelares estaban: el dios solar Tonatiuh (el Sol), estrechamente relacionado con Huitzilopochtli y con Tezcatlipoca; Metztli (la Luna), diosa o dios lunar identificable a veces con Tezcatlipoca; Tlahuizcalpantecuhtli (Dios del Alba), Venus, la estrella de la mañana, que era un aspecto gemelo del de Quetzalcóatl.

De las deidades de la muerte y de la tierra sobresalen Mictlantecuhtli y su esposa Mictecacíhuatl (Señor y Señora de la Región de la Muerte), dioses de la Muerte; Tlaltecuhtli (Señor de la Tierra), monstruo de la Tierra que personificaba a ésta en contraste con el sol.

Tláloc
Museo Nacional de Antropología e Historia.
Ciudad de México

Tláloc: dios de la lluvia, la fertilidad y el rayo

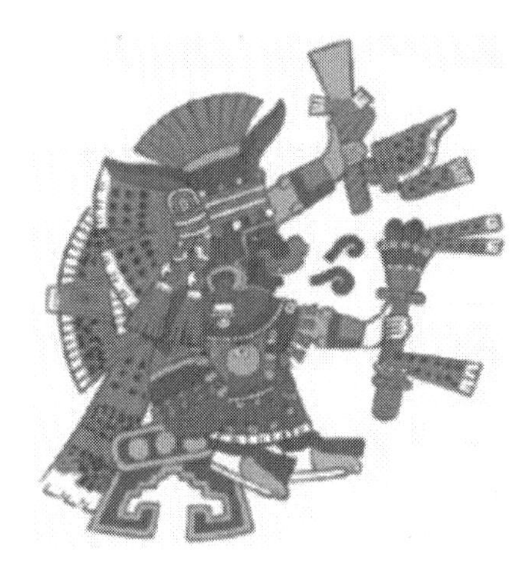

Chalchiuhtlicue: diosa del agua

Huitzilopochtli: dios de Tenochtitlán patrono de la guerra el fuego y el sol

Huehuecoyotl: señor de la promiscuidad

Quetzalcóatl: dios creador
y patrono del gobierno.

Chicomecoatl:
diosa del maíz nuevo.

Quetzalcóatl: dios creador
y patrono del gobierno.

Centeotl: dios del maíz.

Xochipilli: joven dios de las fiestas, la pintura, la danza.

Xipe: dios agricultor

Tezcatlipoca: omnipotente dios de los gobernantes, hechiceros y guerreros.

Itzpapalotl: Reina de Tomoanchan.

Otros mitos y leyendas

Huehuetéotl-Xiuhtecuhtli

Huehuetéotl-Xiuhtecuhtli era el dios viejo y del fuego de la mitología azteca. Su culto se remonta a las primeras civilizaciones mesoamericanas, pues su figura fue encontrada en asentamientos muy antiguos como Cuicuilco y Monte Albán en México.

Al igual que la mayoría de los pueblos primitivos, los pueblos precolombinos concebían el universo en tres niveles: el celeste, el terrestre y el inframundo. El nivel terrestre tenía un centro fundamental expresado a través del templo principal donde habitaba Huehuetéotl-Xiuhtecuhtli y de donde partían los cuatro rumbos del universo, o cuatro puntos cardinales. Huehueteotl ocupaba el axis mundi, o "centro del mundo", pues era no sólo el dios del fuego sino además el abuelo de los hombres y el dueño del tiempo.

Como elemento de la naturaleza, el fuego tenía su dios particular, una divinidad solar y por lo tanto, asociado al calendario, que los aztecas llamaban Huehuetéotl, o "el Dios Viejo", debido a su antigüedad.

También se lo llamaba Xiuhtecuhtli, que quiere decir –entre muchos de sus significados- "el Señor del año", y se lo representaba como un anciano sedente cargando un brasero en su cabeza para encender el fuego. En este brasero aparece la cruz que se repite en las figuras de los sacerdotes de este dios, pues Huehuetéotl representa una de las más viejas concepciones del hombre mesoamericano y era el centro en relación con los puntos cardinales que marca la cruz que lo identifica.

Al final de cada siglo azteca –el cual duraba 52 años- se celebraban rituales en honor de Huehuetéotl-Xiuhtecuhtli para evitar que los dioses abandonaran a los mortales. Dentro de estas celebraciones se realizaban sacrificios humanos en los que se inmolaban a un cautivo ataviado con el ropaje del dios tras haberle extraído su corazón. Otro ritual descrito por los cronistas españoles era la ceremonia del fuego nuevo en la cual se encendía fuego sobre el pecho del sacrificado.

Xiuhtecuhtli tenía una contraparte femenina llamada Xiutecihuatl o "Señora del año", y ambos eran personificaciones de los padres de los dioses y de la humanidad. Se pueden ver representaciones de este antiguo dios del fuego en relieves y estatuillas de carácter litúrgico, donde presentan sus atributos iconográficos correspondientes; sin duda una de las figuras divinas más representativas del arte precolombino.

Coatlicue

Coatlicue o "La de la falda de serpientes," era la diosa azteca de la vida y la muerte, de la tierra y de la fertilidad. Ella es la Madre Universal y los aztecas le dedicaron toda su devoción. Su representación más conocida es una figura antropomorfa que lleva una falda de serpientes y un collar de manos y corazones, arrancados de las víctimas. Su cabeza se forma por dos serpientes enfrentadas, símbolo de la dualidad, un concepto básico en la cosmovisión de las civilizaciones precolombinas.

Coatlicue era una diosa feroz, sedienta de sacrificios humanos. Sus afiladas garras en manos y pies remiten a la ferocidad del jaguar, animal sagrado por excelencia, y las serpientes que la cubren, sustituyendo incluso partes de la anatomía, simbolizan a la humanidad.

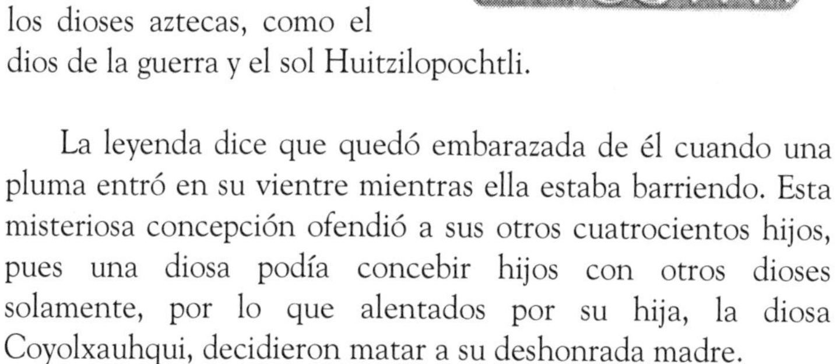

Coatlicue fue madre de todo y de todos, incluso de los dioses aztecas, como el dios de la guerra y el sol Huitzilopochtli.

La leyenda dice que quedó embarazada de él cuando una pluma entró en su vientre mientras ella estaba barriendo. Esta misteriosa concepción ofendió a sus otros cuatrocientos hijos, pues una diosa podía concebir hijos con otros dioses solamente, por lo que alentados por su hija, la diosa Coyolxauhqui, decidieron matar a su deshonrada madre.

Así fue que le cortaron la cabeza a Coatlicue, pero en ese mismo momento, Huitzilopochtli nació armado y mató a muchos de sus hermanos y hermanas, cuyos cuerpos se convirtieron en estrellas. A Coyolxauhqui la desmembró y arrojó su cabeza al cielo, donde pasó a ocupar el lugar de la luna, mientras que el resto del cuerpo fue a parar a la profunda y obscura garganta de una montaña, donde permanecería por toda la eternidad.

En el Museo de Antropología e Historia de la Ciudad de México se puede ver a la colosal Coatlicue, la Diosa Madre aparece aquí representando en sí misma al universo de las realidades divinas y humanas. Las culturas precolombinas, observando los cambios de la naturaleza, comprendieron que a lo largo del año había una temporada de sequías y otra de lluvias, es decir, de vida y muerte en un ciclo constante.

Este concepto de dualidad quedó plasmado en la concepción del universo, en sus dioses mismos y en el quehacer cotidiano. Coatlicue sintetiza esta cosmovisión del hombre mesoamericano, su mundo de opuestos y complementarios y el deber de mantener el equilibrio universal.

Tezcatlipoca, el espejo humeante

Su nombre quiere decir "espejo humeante" en náhuatl, pero también se le conoce como Telpochtli, es decir "el mancebo" ; o también Yoalli Ehecatl "viento nocturno" así como Titlacahua "cuyos hombres somos" y "Moyocoyani" que expresa "el que se inventa a sí mismo".

Códice Borgia XV siglo

Es realmente asombroso, el modo en el que este siniestro numen, Tezcatlipoca, se asemeja al Dionisos de los antiguos griegos: ambos se identifican en lo diverso, o más precisamente como un reflejo disperso, teniendo al espejo como uno de sus símbolos privilegiados, en el cual ambos dioses se contemplan llenos de fascinación; su esencia divina esparcida en terrenales existencias; ambos son el mancebo celestial, el joven maestro de enigmas perennemente irresolutos que concentran el nombre secreto de la realidad en su ser complejo e infinito.

De Tezcatlipoca, el dios del espejo humeante, apunta Sahagún: "era tenido por verdadero e invisible, el cual andaba en todo lugar, en el cielo, en la tierra, y en el infierno... y decían: él es el único que entendía acerca del regimiento del mundo, y que sólo daba las prosperidades y las riquezas, y que él sólo las quitaba cuando se le antojaba."

A Tezcatlipoca se le representaba como un joven con taparrabo y el rostro y las piernas pintadas a rayas. En la cabeza ostentaba un tocado de pedernales, también orejeras de oro en espiral. Además lucía brazaletes de plumas preciosas y muy coloridas. En la espalda cargaba un adorno elaborado de plumas de quetzal, así como un escudo en la mano, también de plumas y una bandera ritual de papel.

Tezcatlipoca es una de las deidades más veneradas y fascinantes de todo el mundo prehispánico

Ehecatl y los Ehecatotontli

Ehécatl quiere decir "viento" en náhuatl, y se refiere a la vez, al dios del viento de los prehispánicos. Corresponde a una de las advocaciones del célebre Quetzalcoatl, la serpiente emplumada, y expresa el aspecto sombrío y letal de este dios, en general bondadoso. Su jeroglífico en los códices y relieves presenta un rostro humano con barba, pico y un ojo de muerto fuera de la órbita, que acaso aluda a un astro.

Frecuentemente era representado con una máscara bucal roja en forma de pico. Utilizándola limpiaba el camino para Tláloc, dios de la lluvia, y los Tlaloque, dioses menores de la lluvia. También a veces se le representaba con dos máscaras. Muestra un caracol en el pecho, puesto que el viento es utilizado para hacer sonar el caracol, que asemeja el sonido del viento. Su aliento sonoro motiva el movimiento del Sol, anuncia y hace a un lado a la lluvia.

Proporciona vida a lo que está inerte. Ehécatl se enamoró de una muchacha humana de nombre Mayáhuel, y brindó a los hombres la capacidad de amar para que ella pudiera corresponderle a su ardorosa pasión. Su sentimiento amoroso se ha simbolizado con un árbol bello y frondoso, que crece en el lugar en el que arribó Ehécatl a la tierra. De acuerdo al mito azteca, tras la creación del quinto sol, éste estaba quieto en un lugar del cielo, al igual que la luna, hasta que el dios Ehécatl soplo sobre ellos y les motivo su movimiento. Los templos de Ehecatl comúnmente poseían forma circular, a fin de tener menor resistencia al viento y facilitar su circulación. En ocasiones especiales se le asociaba con los cuatro puntos cardinales, pues el viento viene y va en todas direcciones.

El viento por ser invisible requiere de una representación metafórica. Algunos dicen que los Ehecatotontli son "los vientecillos", pero más bien son las múltiples partículas de energía que constituyen el aire, y mismas que le dan movimiento. A semejanza de Ehecatl, pero tan pequeños que son invisibles, los Ehecatotontli se reproducen por millares y forman culebras de aire, ráfagas, vendavales, borrascas, golpes de viento, trombas, según cuántos sean y con qué intensidad actúen. Se les rinde culto mediante pequeñas estatuillas con cara de niño, que se colocan en los santuarios de los montes, casi siempre ubicados en las cimas.

Ometeotl, el dios que se hizo a sí mismo

La deidad primordial que de la nada misma se gestó, el que por haber sido inventor de sí mismo no precisa justificación ontológica alguna, se llama Moyocoyani, "el que se creó a sí mismo". Esta entidad se pensó y se inventó para constituir el principio y generar todo lo que a la postre llegó a existir. Queda denominado y definido por la profunda noción in nelli teotl, "dios verdadero" que se refiere a aquel fundado, cimentado en sí mismo. Es el verbo de la creación y está constituido por el ollin, "movimiento" y las sustancias cósmicas.

Conformado por el todo, se reúnen con él los opuestos, lo antagónico y por lo tanto es genitor del caos, pero como principio de la inteligencia es también el armonizador, el ordenador. Si bien es espíritu y materia (energía), fuego y agua, blanco y negro, estatismo y movimiento, caos y orden, vida y muerte, creador y destrucción, consecuentemente al acoplar en sí mismo las fuerzas contrarias de lo positivo y de lo negativo, es dual. Por eso se llama Ometeotl, "Dios de la dualidad" y vive en el Omeyocan, donde convergen los opuestos, el todo.

Por su naturaleza misma, Ometeotl es masculino y femenino y así se manifiesta simultáneamente como Ometecuhtli "Señor de la dualidad" y Omecihuatl Señora de la dualidad", y son la Pareja Creadora, dioses de la creación y de la vida.

También recibía el nombre de Tloque Nahuaque "dueño del cerca y del lejos". Era la divinidad suprema y el principio de todo lo que existe. No intervenía directamente en los asuntos humanos. Se dedicaba a reposar y meditar en el Omeyocan, su morada divina, mismo sitio que estaba situado en la parte superior de los trece cielos. Allí se creaban también a los niños que nacerían posteriormente en la tierra.

Nanahuatzin y Tecuciztecatl en la Ciudad Sagrada

Decían que antes que hubiese día en el mundo que se juntaron los dioses en aquel lugar que se llama Teotihuacan, que es el pueblo de San Juan, entre chiconauhtlan y Otumba; dijeron los unos a los otros dioses "¿Quién tendrá cargo de alumbrar al mundo?

Luego a estas palabras respondió un dios que se llamaba Tecuciztécatl y dijo: "Yo tomo el cargo de alumbrar al mundo". Luego otro vez hablaron los dioses, y dijeron: "¿Quién será el otro?" Luego se miraron los unos a los otros, y conferían quién sería el otro, y ninguno de ellos osaba ofrecerse a aquel oficio; todos temían y se excusaban.

Uno de los dioses de que no se hacía cuento pero buboso, no hablaba sino oído lo que los otros dioses decían, y los otros habláronle y dijéronle: "Sé tú el que alumbres, bubosito". y él de buena voluntad obedeció o lo que le mandaron y respondió: "En merced recibo lo que me habéis mandado, sea así". Y luego los dos comenzaron a hacer penitencia cuatro días, y luego encendieron fuego en el hogar, el cual era hecho en una peña que ahora llaman teotexcalli. El dios Tecuciztécatl todo lo que ofrecía era precioso. En lugar de ramos ofrecía plumas ricas que se llamaban quetzcalli, y en lugar de pelotas de heno ofrecía pelotas de oro, y en lugar de espinas de maguey ofrecía espinas hechas de piedras preciosas, y en lugar de espinas ensangrentadas ofrecía espinas hechas de coral colorado; y el copal que ofrecía era muy bueno. Y el buboso, que se llamaba Nanauatzin, en lugar de ramos ofrecía cañas verdes atados de tres en tres, todos ellos llegaban a nueve; y ofrecía bolas de heno y espinas de maguey, y ensangrentábalas con su misma sangre; y en lugar de copal ofrecía las postillas de los bubas.

A cada uno de estos se les edificó una torre, como monte; en los mismos montes hicieron penitencia cuatro noches. ahora se llaman estos montes tzaqualli, (y) están ambos cabe el pueblo de San Juan que se llama Teotihuacan. Después que se acabaron las cuatro noches de su penitencia, luego echaron por allí los ramos y todo lo demás con que hicieron penitencia. Esto se hizo al fin, o al remate de su penitencia, cuando la noche siguiente o a la medianoche habían de comenzar o hacer sus oficios; antes un poco de la medianoche, diéronle sus aderezos al que se llamaba Tecuciztécatl; diéronle un plumaje llamado aztacómitl, y una jaqueta de lienzo; y al buboso que se llamaba Nanauatzin tocáronle la cabeza con papel, que se llama amatzontli, y pusiéronle uno estola de papel y un maxtli de papel; y llegada la medianoche, todos los dioses se pusieron en rededor del hogar que se llama teotexcalli: en este lugar ardió el fuego cuatro días.

Ordenaronse los dichos dioses en dos rencles, unos de la una parte del fuego y otros de la otra; y luego los dos sobredichos se pusieron delante del fuego, los coros hacia el fuego, en medio de las dos rencles de los dioses. Los cuales todos estaban levantados, y luego hablaron los dioses y dijeron o Tecuciztécatl; "¡Ea pues, Tecuciztécatl, entro tú en el fuego"! Y él luego cometió pero echarse en el fuego; y como el fuego era grande y estaba muy encendido, como sintió el gran calor del fuego hubo miedo, y no osó echarse en el fuego y volvióse atrás. Otra vez tornó para echarse en el fuego haciéndose fuerza, y Ilegando detúvase, no osó echarse en el fuego; cuatro veces probó, pero nunca se osó echar. Estaba puesto mandamiento que no probase más de cuatro veces. De que hubo probado cuatro veces los dioses luego hablaron o Manauatzln y dijéronle:' Ea pues, Manauatzln, prueba tú!" . Y como le hubieron hablado los dioses, esforzóse y cerrando los ojos arremetió y echóse en el fuego, y luego comenzó a rechinar y respendar en el fuego, como quien se asa; y como vio Tecuclztécatl que se había echado en el fuego, y ardía, arremetió y echóse en el fuego.

Y dizque luego una águila entró en el fuego y también se quemó, y por eso tiene las plumas hoscas o negrestinas; a la postre entró un tigre y no se quemó, sino chamuscóse y por eso quedo manchado de negro y blanco. De este lugar se tomó la costumbre de llamar a los hombres diestros en la guerra quauhtlacélotl y dicen primero quauhtli, porque el águila primero entró en el fuego; y dícese a la postre océlotl porque el tigre entró en el fuego a la postre del águila. Después que ambos se hubieron arrojado en el fuego, y después que se hubieron quemado, luego los dioses se sentaron a esperar de qué parte vendría a salir el Nanauatzin. Después que estuvieron gran rato esperando, comenzóse a parar colorado el cielo y en todas partes apareció la luz del alba.

Quetzalcóatl

Y dicen que después de estos los dioses se hicieron de rodillas para esperar a dónde saldría Nanauatzln hecho sol: a todas partes miraron volviéndose en rededor, mas nunca acertaron a pesar, ni a decir qué parte saldría; en ninguna cosa se determinaron; algunos pensaron que saldría de la parte del norte y pararónse a mirar hacia él; otros hacia mediodía; a todas partes sospecharon que había de salir, porque a todas partes había resplandor del alba; otros se pusieron a mirar hacia el oriente, y dijeron aquí, de esta parte, ha de salir elsol. El dicho de él fue verdadero.

Dicen que los que miraron hacia el oriente fueron Quetzalcóatl, que también se llama Ehécatl, y por otro nombre Anahuatlitecu y por otro nombre Tezcatlipoca el rojo; y otros que se llaman Mimixcoa, que son innumerables; y cuatro mujeres, la una se llama Tiacapan, la otra Teicu, la tercera Tlacoyehua , la cuarta Xocoyotl. Y cuando vino a salir el sol, apareció muy colorado, parecía que se contoneaba de una parte a otra; nadie lo podía mirar, porque quitaba la vista de los ojos, resplandecía y echaba rayos de si, en gran manera; y sus rayos se derramaron por todas partes; y después salió la luna, en la misma parte del oriente, a par del sol: primero salió el sol y tras él salió la luna; por el orden que entraron en el fuego por eI mismo salieron hechos sol y luna

Chicomecoátl, Diosa del Maíz

Chicomecoátl, palabra náhuatl que quiere decir "Siete Serpiente", era el nombre de la gran diosa del maíz. Sahagún equipara a esta divinal figura con la Ceres de la Roma antigua, y acerca de ella destaca lo siguiente: "...era la diosa de los mantenimientos, así de lo que se come como de lo que se bebe... debió ser esta mujer la primera que comenzó a hacer pan y otros manjares y guisados. La pintaban con una corona de papel en la cabeza, y en una mano un manojo de mazorcas y en la otra una rodela con una flor de sol, su falda y blusón adornados con flores acuáticas".

De acuerdo a un canto dedicado a su reverenciada presencia, se sabe que vivía en el celestial y paradisiaco jardín Tlalocan, y que cuando culminaba la fructificación del maíz, retornaba a su plácido hogar. A su templo se le conocía como Chicometeótl iteopan y se le celebraban ritos principalmente en el mes de huey tzoztli o "la gran vigilia". Los aztecas le dedicaban muchas ofrendas, consistentes más que nada en alimentos, que colocaban a los pies de los dioses particulares de las casas y de los templos. A la postre todo era llevado al templo propio de Chicomecoátl, en donde los alimentos eran degustados por los asistentes. Luego, en otra jornada, (en el mes de esta divinidad, el Ochpaniztli) los sacerdotes designados para llevar a cabo el ceremonial de la diosa Chicomecoátl, se disfrazaban con las pieles de los prisioneros cautivos, sacrificados un día antes y se situaban en las alturas de un templete desde donde lanzaban a la gente del pueblo, los fieles allí congregados, semillas de maíz y calabaza, de colores variopintos. Las hermosas doncellas que cuidaban del templo de la diosa, lucían brazos y piernas ornamentadas con plumas, y sus núbiles rostros con marmaja.

Chicomecoátl

Ellas llevaban en la espalda siete mazorcas de maíz untadas de hule y protegidas con papel. Precisamente a partir de estas mazorcas se conseguían las semillas para el sagrado ritual del año venidero. Completando este ceremonial se ungía a una mujer joven que tenía el cometido de encarnar a la diosa Chicomecoátl. Portaba además, en la frente, una pluma verde, simbolizando una espiga de maíz; luego, al anochecer le cortaban la pluma junto a la cabellera y los ofrecían a la imagen de la diosa. Por la mañana, en el punto culminante de los festejos para Chimecoátl, se sacrificaba a esta joven y a varios cautivos sobre las mazorcas, en aras de la fertilidad y la prosperidad continua de las cosechas y del gran pueblo mexica.

El nacimiento del Dios Colibrí

En el México antiguo, en Anahuac, el ombligo del mundo, Huitzilopochtli era el numen principal de los mexicas; el colibrí zurdo, aquel que condujo al pueblo elegido de las diversas tribus nahuas, el pueblo Azteca, desde la misteriosa isla de Aztlán hasta el altiplano mexicano donde se cimentaría la gloriosa Tenochtitlan, allí donde gobernaría el mundo mesoamericano entero.

El mito del nacimiento de Huitzilopochtli nos habla acerca de cómo estos hombres se hallaban inmersos en un universo sobrecargado de sentido: cada respiro suyo, era una ofrenda, cada sueño un contacto místico. Espléndidamente aislados durante milenios, desarrollaron una cosmovisión muy particular y valiosa, porque nos sumerge en ámbitos asombrosos de pensamiento en Otredad, diferente por completo al desarrollado por la razón greco romana, la del cristianismo europeo, la nuestra aún hoy.

Huitzilopochtli, Códice Borbónico

En Coatepec, la montaña sagrada, cerca de Tula ciudad imponente, una mujer admirable, Coatlicue, la de la falda de serpientes, hacía penitencia barriendo el templo. Súbitamente una pequeña bola de plumas cayó del cielo. Coatlicue la colocó en su seno, sin pensarlo. En ese justo instante quedó embarazada. Indignados, su hija Coyolxauhqui y sus demás hijos los Cuatrocientos Surianos, decidieron tomar venganza de su madre Coatlicue por esta afrentosa circunstancia. La madre se afligió mucho ante tal amenaza, empero, Huitzilopochtli, quien era el que se hallaba gestándose en su vientre, le consolaba hablándole desde allí: "-No temas; yo sé lo que tengo que hacer."

Uno de los Surianos, Cuahuitlicac, tomó partido por su hermano nonato. Él le brindaba información acerca de los lugares a los que iban arribando Coyolxauhqui y los demás, a fin de alcanzar a su madre para castigarla. "Ya están en Tzompantitlan,ya en Coaxalpan, los veo en la propia cuesta de la montaña, ahora están aquí."

Huitzil significa colibrí en Nahuatl

En ese momento nació el dios Huitzilopochtli, rápidamente se procuró sus atavíos guerreros: su escudo de plumas de águila; sus dardos; su lanza-dardos azul, turquesa, su divino color. Pintó su rostro con franjas diagonales. Sobre su cabeza fijó plumas finas, además se colocó sus orejeras. En uno de sus pies, el izquierdo, que era enjuto, llevaba una sandalia cubierta de plumas. Sus piernas y brazos bañados de turquesa también.

Huitzilopochtli blandió su arma letal, la serpiente hecha de teas, la Xiuhcoatl, con ella hirió a Coyolxauhqui, le cercenó la cabeza, la cual rodó hasta quedar abandonada en la ladera de Coatepec. El cuerpo de Coyolxauhqui se disgregó hacia todos los rumbos posibles.

Luego el Dios Colibrí se irguió, persiguió a los Cuatrocientos Surianos, los acosó cual si fuesen conejos, en torno de la montaña sagrada. Cuatro veces los obligó a rodearla a fin de huir de su furia belicosa. En vano trataban de ofrecer defensa alguna contra él, ni siquiera al son de los cascabeles y ni al golpear de sus escudos.

Sólo unos cuantos pudieron escapar de su ominosa presencia, del furor de sus manos batalladoras. Se dirigieron hacia el sur, por eso se llaman los Surianos, los pocos que huyeron de Huitzilopochtli. A los fenecidos, el Dios Colibrí les quitó sus atavíos, sus adornos, su anecúyotl, se los apropió, los incorporó a su destino, hizo de ellos sus propias insignias.

"Y este Huitzilopochtli, según se decía, era un portento, porque sólo una pluma fina, que cayó en el vientre de su madre, Coatlicue, fue concebido. Nadie apareció jamás como su padre. A él lo veneraban los mexicas, le hacían sacrificios, lo honraban y servían. Y Huitzilopochtli recompensaba a quien así obraba. Y su culto fue tomado de allí, se Coatepec, la montaña de la serpiente, como se practicaba desde los tiempos antiguos." (De los informantes de Fray Bernardino de Sahagún) Hoy es factible comprender, en este relato mítico, una lectura de la victoria cotidiana del Sol en contra de la noche, la Luna y las estrellas del firmamento. Porque las palabras dicen al mundo de diferentes maneras, y el silencio expresa sus motivos. El silencio: la voz del dios oculto, que nunca ha terminado de relatar (nos) sus hazañas, en el corazón mismo del Ser.

En el corazón de la provincia central mexicana, en el estado de Morelos, se yergue la imponente silueta del místico cerro del Tepozteco. El pintoresco pueblo de Tepoztlán se resguarda bajo sus graves sombras. Este lugar es un sitio sui géneris, en donde intelectuales, esoteristas, ufólogos , pintores, escritores, intelectuales, indigenistas, turistas mexicanos y de otras varias naciones, encuentran una atmósfera multifacética y rica, en donde la influencia prehispánica, los riqueza arquitectónica colonial, y el ambiente cosmopolita y altamente cultural que impregna el pueblecillo, lo tornan irresistible y mágico en grado sumo.

Y el cerro del Tepozteco, que corona el cinturón de formaciones rocosas de la zona, guarda muchas historias, anécdotas y leyendas desde los tiempos de silvestre sortilegio de los antiguos mexicanos.

Vista panorámica del cerro del Tepozteco

Uno de esos relatos cuenta acerca de una doncella que acostumbraba bañarse en una barranca del lugar. En aquel sitio se decía que a las doncellas "les llegaban aires", y tal fue el caso de esta joven de la leyenda que comentamos: pronto quedó encinta. La familia avergonzada y furiosa, hizo varios intentos por deshacerse del recién nacido. En una ocasión lo arrojaron desde una las alturas contra unas rocas, sin embargo los vientos lo hicieron levitar suavemente hasta una llanura cercana; en otra oportunidad, fue abandonado en una zona de magueyes, pero en un instante las pencas se inclinaron hasta llegar a sus labios demandantes de niño, para dejarle beber el dulce aguamiel. En otra tentativa por acabar con la vida del niño, fue puesto al alcance de las hormigas gigantes, mas éstas bestias, lejos de picarlo, se dedicaron a alimentarlo solícitamente...

Pero un matrimonio de ancianos, que descubrió al bebé, lo adoptó. Este infante milagroso se trataba de Tepoztécatl, el gran patrono del pueblo de Tepoztlán. Próxima a la casa de Tepoztécatl habitaba Mazacuatl, una temida serpiente de Xochicalco, a la que la gente del lugar daba de comer por medio de la ofrenda humana de ancianos.

En cierta infausta ocasión, los señores del pueblo anunciaron al viejo que adoptó a Tepoztécatl que debía ser sacrificado a esta monstruosa serpiente. Tepoztécatl decidió aventurarse sacrificio en lugar de su anciano padre a fin de salvarle la vida. Se dirigió a Xochicalco, y en su ruta fue juntando aiztli, es decir fragmentos filosos de obsidiana, que iba depositando en su mochila. Al arribar a Xochicalco se expuso ante Mazacuatl, el ofidio coloso, que lo engulló sin demora. Poco después, en el interior del estómago de Mazacuatl, el gran Tepoztécatl usó todos los aiztli, para desgarrar las entrañas de la horrible bestia.

Mientras volvía al hogar, se encontró con una fiesta en la que hacían sonar el teponaxtli, tambores prehispánicos, y chirimías, flautas folklóricas. Tepoztécatl anheló tocar estos instrumentos y, al serle vedado, diseminó una tormenta que arrojó arena y guijarros a los ojos de todos. En el momento en el que pudieron reaccionar los celebrantes, el niño se había esfumado con los instrumentos: se oía a los lejos el sonido de ambos.

El niño divino arribó por fin a Tepoztlán y se hizo de los cerros más altos. Se colocó sobre el cerro Ehecatépetl. Tepoztécatl gozó de amplia consideración en su pueblo natal y fue designado Señor de Tepoztlán y sacerdote del ídolo Ometochtli (Dos Conejo). Pero años después desapareció, no se sabe si murió o se fue a otra parte, pero hay quienes dicen que se fue a vivir junto a la pirámide, para siempre.

Y allí sigue la pirámide, en la cima del cerro Tepozteco y sólo los más tenaces y resistentes viajeros logran subir allí, para ver el milagro absoluto del mundo en el espectáculo grandioso de la lejanía y el horizonte jubiloso ondulando al compás de teponaxtles y chirimías con acordes de silencios y enigmas. Y entonces el dios, oculto en el corazón del mundo, sonríe

Pirámide del Tepozteco

Sacrificios humanos

Sacrificios humanos. Códice Magliabechiano

El holocausto de seres humanos fue una de las principales manifestaciones religiosas de los aztecas. Los dioses se habían sacrificado para dar vida al sol; y a fin de que éste brillara siempre, y no se adueñaran las tinieblas del mundo, había que alimentarlo con el líquido preciado de la vida: la sangre. Creían los aztecas que el derramamiento de sangre era la única forma de evitar las catástrofes que constantemente les amenazaban, según suponían.

El sacrificio se llevaba a cabo de muy diversas maneras. La más común era la de extender a la víctima boca arriba sobre la piedra llamada de los sacrificios, y mientras cuatro sacerdotes sujetaban por las extremidades al cautivo, otro le abría el pecho con un cuchillo de pedernal y le sacaba el corazón. También existía lo que denominaron los españoles el sacrificio gladiatorio, que consistía en atar a la víctima a un disco de piedra, de modo que tuviera cierta libertad de movimiento para que, con armas de madera, sostuviera una lucha desigual contra guerreros bien armados, hasta sucumbir a sus golpes. Otras formas de sacrificio eran: arrojar a las víctimas atadas y anestesiadas con yauhtll a un brasero; flechar a las víctimas para después desollarlas y cubrirse los sacerdotes con su piel; decapitar a mujeres; y ahogar a niños como ofrenda a Tláloc.

Los mexicas propiciaban también a los dioses mortificándose a sí mismos con duras penitencias y torturas, como la de mutilarse y atravesarse partes del cuerpo con instrumentos agudos o cortantes.

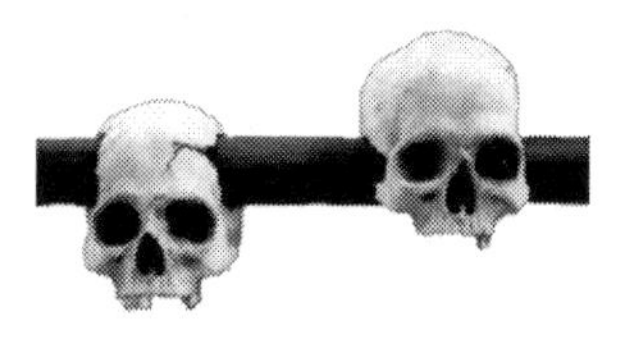

Tzompantli: trofeo azteca con cráneos del enemigo

También solían practicar el canibalismo ritual con objeto de adquirir cualidades que no tenían y para participar en una especie de comunión.

Emperadores

Los emperadores de las ciudades indígenas recibían el nombre de Tlatoani (en náhuatl: el que habla o el que manda). Eran la cabeza del gobierno, el ejército y también el sumo sacerdote. A diferencia de otros imperios, el título de Tlatoani no era hereditario; su elección dependía del consenso entre los miembros de la élite de la ciudad. A los tlatoanis de México-Tenochtitlan, Texcoco y Tlacopan quienes gobernaban sobre el valle de México se les conocía como hueytlatoanis, el prefijo huey significaba que su poder trascendía la ciudad que gobernaban.

De acuerdo con algunos registros existieron doce Tlatoanis en México-Tenochtitlan. El primero de ellos, Tenoch, es considerado por muchos una figura mítica, no histórica. El último Tlatoani, Cuauhtémoc, fue ejecutado el 8 de febrero de 1525 por las tropas españolas al mando de Hernán Cortés cuatro años después de la caída de México-Tenochtitlan.

Tenoch, Primer Emperador y Sumo Sacerdote

México-Tenochtitlan es la única ciudad de la cual contamos con una lista completa de sus gobernantes.

Lista de Tlatoanis mexicas

Período	Nombre en náhuatl	Significado en castellano
1325 - 1376	Tenoch	Tuna de Piedra
1375 - 1395	Acamapichtili	Manojo de cañas
1395 - 1417	Huitzilíhuitl	Pluma de colibrí
1417 - 1427	Chimalpopoca	Escudo que humea
1427 - 1440	Itzcóatl	Serpiente de obsidiana
1440 - 1469	Moctezuma Ilhuicamina	Señor encolerizado, flechador del cielo
1469 - 1481	Axayácatl	Cara de agua
1481 - 1486	Tizoc	Tiznado de yeso
1486 - 1502	Ahuízotl	Nutria
1502 - 1520	Moctezuma Xocoyotzin	Señor encolerizado, el chico
1520 - 1521	Cuitláhuac	Señor que canta en el a agua
1521 - 1521	Cuauhtémoc	Águila que desciende

Cuauhtemoc, último Emperador azteca

Caída del imperio

La civilización azteca duró hasta que tuvo lugar la conquista de Tenochtitlan por los españoles en 1521. El Imperio Azteca gobernó desde los inicios del siglo 14 y su control se extendió desde el Valle de México hasta Guatemala. Se ha establecido que el centro del imperio, Tenochtitlan, era la ciudad más grande en el Nuevo Mundo a la llegada de Hernán Cortés.

En ese año, unas 38 provincias estaban bajo el dominio de Tenochtitlan. Pagos, tributos y sacrificios humanos eran eventos obligatorios que los pueblos subordinados debían experimentar con el fin de mantener la grandeza y el dominio de la ciudad-estado. Por ello, los aztecas eran odiados por sus vecinos y otras culturas bajo su yugo.

Sólo en 1518 los españoles, a través de Juan de Grijalva, al mando de cuatro navíos, entablaron relaciones con las provincias del imperio azteca. El recibimiento de los indios fue amistoso y entregaron a los europeos diversos objetos de oro. Durante el encuentro, pronunciaron muchas veces la palabra México, cuyo significado ignoraban los conquistadores.

Encuentro entre Juan de Grijalva y el cacique maya Tabscoob, ocurrido en Potonchán en 1518

Llegada de Hernán Cortés

Con once barcos, 508 soldados, 16 caballos y 14 piezas de artillería partió rumbo a México el conquistador español Hernán Cortés. En la península de Yucatán encontró a un compatriota llamado Jerónimo de Aguilar, que años antes había sobrevivido a un naufragio en las costas de México.

Hernán Cortés Monroy Pizarro Altamirano

Aguilar hablaba maya, debido a su largo cautiverio en ciudades de este pueblo, lo que facilitó a Cortés la comunicación con esta civilización. Además, los españoles recibieron numerosas esclavas como regalo.

Entre ellas figuraba una de origen noble y muy inteligente, quien se expresaba además en náhuatl. Su nombre era Malitzin (Malinche), bautizada después como Marina. Gracias a ella y a la intervención de Aguilar, Cortés pudo conversar con los indios, especialmente con aquellos que hablaban la lengua oficial del imperio azteca, lo que era una inmensa ventaja para el capitán español.

La antigua esclava posteriormente se convirtió en su colaboradora más valiosa y fiel. Fue también la madre de su hijo, Martín Cortés.

Fue en lo que sería la futura Veracruz donde Cortés comenzó a darse cuenta de la inmensidad y la riqueza del imperio azteca. Allí recibió la visita de los mexicas, de la provincia de Cuetlaxtlán. En nombre del emperador Moctezuma, le regalaron víveres, magníficos vestidos de gala en algodón y plumas, y joyas de oro, y le pidieron que no ingresara a territorio azteca.

Según la tradición mexica, funestos presagios (iluminaciones del cielo, incendios inexplicables) anunciaron una terrible catástrofe. Muy religiosos, Moctezuma y sus consejeros quedaron muy impresionados por el hecho de que el año uno-junco (para ellos), es decir, 1519, coincidiera con la fecha que, al presentarse cada 52 años, podía significar el retorno de la Serpiente de Plumas, según el mito de Quetzalcóatl. Y, para ellos, Cortés era el dios que regresaba.

Moctezuma Xocoyotzin viendo el cometa durante el día según el Códice Durán.

Entretanto, Cortés se alió con ciertos pueblos que odiaban mortalmente a los mexicas, como los totonecas y, sobre todo, los tlaxcaltecas. Desde entonces, la conquista se convirtió en una empresa fundamentalmente hispano-tlaxcalteca. Llegados a Tenochtitlán, y después de varias peticiones a Cortés para que este no entrara a la ciudad, Moctezuma los recibió junto a altos dignatarios, entre ellos el rey de Texcoco. Esto ocurrió en noviembre de 1519.

La guerra

A medida que iba pasando el tiempo, la situación se hizo muy tensa. A pesar de los esfuerzos de Moctezuma, la cólera de sus dignatarios crecía; los españoles se oponían al culto de los dioses aztecas y aprovechaban también de escamotear todo el oro que podían, al igual que los tlaxcaltecas con los jades y plumas. Estos, además, buscaban cualquier modo para saciar su odio hacia los aztecas.

En ausencia de Cortés, que tuvo que ir a luchar a la costa contra su compatriota Narváez, los españoles asesinaron traicioneramente a numerosos nobles mexicas que celebraban la festividad de Huitzilopochtli. El pueblo se sublevó y el retorno de Cortés no solucionó nada. Al contrario, durante la llamada noche triste, del 30 de junio de 1520, los españoles y los tlaxcaltecas salieron a duras penas de Tenochtitlán, sufriendo numerosas bajas.

Pero gracias al apoyo de sus aliados indígenas, Cortés aisló la ciudad. El hambre y la falta de agua potable agobiaron a Tenochtitlán, mientras se desarrollaba una epidemia de viruela, enfermedad desconocida hasta entonces en México.

Moctezuma falleció durante los combates de junio de 1520. Su sucesor, Cuitlahuac, reinó solo 80 días antes de morir por la enfermedad. Ni el heroísmo de Cuauhtemotzin o

Cuauhtémoc, el siguiente emperador, ni de su pueblo guerrero, pudieron evitar que la ciudad cayera en agosto de 1521.

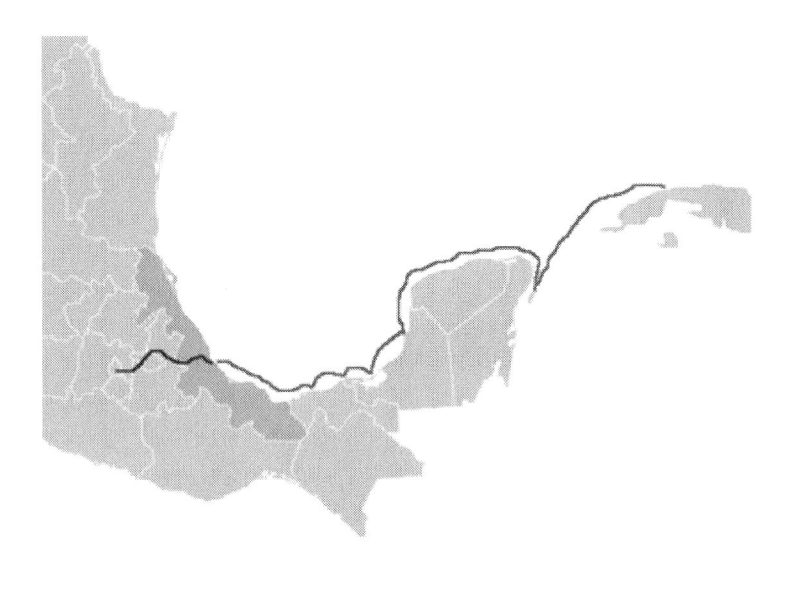

La ruta que siguió la expedición de Hernán Cortés desde que partió de Cuba hasta la su llegada a Tenochtitlan

Causas de la derrota

Para muchos de sus contemporáneos, la derrota brutal de un pueblo antes invencible podría parecer una catástrofe o un milagro. Sin embargo, existen causas precisas que pueden explicar perfectamente este desenlace.

Primero, están las militares: frente a armas como los arcabuces y artillería, además de los caballos, los aztecas nada podían hacer con su rudimentario armamento.

Pero, sobre todo, los mexicas y españoles no hacían la misma guerra. Los primeros la consideraban como una forma de proveerse de prisioneros para sacrificar a su dioses, por lo que perdían tiempo capturándolos. Pero los españoles hacían la guerra total, matando a los aztecas en grandes cantidades. Su objetivo era destruir la religión aborigen en beneficio de la propia, que consideraban la única verdadera, y el estado azteca en beneficio de su soberano, Carlos V.

Entrada de Hernán Cortés a la ciudad de Tabasco

Sin embargo, el factor religioso, al cual se unió la epidemia de viruela, fue también importante. El convencimiento de Moctezuma de que tenía ante sí a Quetzalcóatl de regreso, le indujo a entregar todo el peso de su autoridad soberana. Y cuando trataron de reaccionar, ya era demasiado tarde.

Pero nada hubiera sido posible sin los recursos y los hombres, las informaciones y el impulso guerrero que aportaron los totonecas, Tlaxcala y Uexotzinco, los otomíes, las tribus del sur del valle, y el bando del príncipe Ixlilxochitl, en Texcoco. Sin embargo, estaban lejos de imaginarse que la caída de México arrastraría la de sus propias ciudades, la destrucción de su religión y la ruina de su cultura.

El Imperio Azteca había sido destruido. Las ruinas de Tenochtitlan fueron la base sobre la que los españoles construyeron una nueva colonia. Hoy en día, la catedral de la ciudad de México se levanta sobre las ruinas de un templo azteca y el Palacio Nacional ocupa la superficie de lo que una vez fuera el palacio de Moctezuma. La grandeza de esta civilización influyó notoriamente en el desarrollo de México. La agricultura, la arquitectura, la religión, la astronomía, el comercio y la artesanía fueron sólo algunos campos en los cuales los aztecas sobresalieron.

Extensamente documentado, el fin de la civilización azteca marcó también el final de las civilizaciones mesoamericanas. Por ello, la formación de una nueva raza estaba por comenzar. Una colonia española, la Nueva España y después, una nueva nación, México, florecieron como resultado del choque entre dos mundos, Europa y Mesoamérica.

En efecto, con la derrota de los aztecas desapareció la última civilización autóctona de México. Brillante y frágil, alcanzó a dominar el país solo casi un siglo

Tortura de Cuauhtémoc. Pintura oscurantista del Siglo XIX.

Profecías. El Quinto Sol

Según la cosmogonía de los aztecas, existieron cuatro soles o edades antes que la nuestra, cada una de las cuales finalizó con grandes catástrofes naturales que diezmaron a la humanidad.

El mito de los cinco soles es conocido por la literatura azteca y por los pocos códices (libros) que sobrevivieron a la destrucción de los conquistadores, pero principalmente por el llamado "Calendario azteca", "Piedra del Sol" o "Piedra de los Soles", una de las piezas arqueológicas más estudiadas y controvertidas, que se encuentran en el Museo Nacional de Antropología de México.

Se trata de un gigantesco disco de piedra de más de tres metros y medio de diámetro y un peso cercano a las 25 toneladas, donde se ha representado esquemáticamente la compleja cosmogonía azteca.

Actualmente, la mayoría de los estudiosos coinciden en que la figura central representa al Sol actual, y los cuatro grabados que la rodean a los soles anteriores, si bien existen otros investigadores, como Ibarra Grasso, que ofrecen una interpretación diametralmente opuesta.

En lo que no existe unanimidad es en la duración que habrían tenido cada uno de estos períodos, que comprenden varios ciclos de 52 años por cada Edad. Las cifras, según los distintos autores, van desde los 600 años hasta varios miles de años por Edad.

También resulta difícil establecer cuando terminará esta Quinta Edad o ciclo; las profecías aztecas señalan que la humanidad que viva bajo el Quinto Sol será destruida por terremotos y por "fuerzas que hacen un ruido superior al trueno".

También debemos destacar la profecía relativa al regreso de Quetzalcóatl, la "serpiente emplumada", dios civilizador de los aztecas, que luego de cumplir con su misión se fue prometiendo regresar en el año Ce – Acatl (1 – Caña), cuando coincidieran los tres calendarios utilizados por los aztecas: el ritual o lunar, el solar y el venusino. Irónicamente, esta fecha coincidió con el año 1519, fecha en que los españoles llegaron a México.

Los aztecas creyeron que Cortés era Quetzalcóatl que regresaba... Pero este hecho aciago, por el contrario, desencadenó el ocaso de una cultura maravillosa, otrora poderosa, que se decía a sí misma procedente de una tierra hundida llamada Aztlán (¿la Atlántida?) y que nos dejó mitos y tradiciones de gran belleza poética, como este "Mito de los Cinco Soles": "Según hablan y dicen que saben los viejos, la Tierra y el Cielo se cimentaron en el año 1, Conejo.

También dicen que saben que cuando esto sucedió, habían ya existido cuatro clases de hombres, cuatro clases de vidas en la Tierra. Así que sabían también que cada una de ellas había existido en un Sol (una Edad). Saben y dicen que su dios los creó de ceniza, y atribuyen a Quetzalcóatl, cuyo signo es 7, Viento, el haberlos hecho y creado.

–El primer Sol que hubo al principio, bajo el signo 4, Agua, se llamó Atltonatiuh (Sol de Agua). En este sucedió que todo se lo llevó el agua, todo desapareció, y las personas se convirtieron en peces.

–El segundo Sol que hubo estaba bajo el signo 4, Ocelote, y se llamó Ocelotonatiuh (Sol Felino). En este sucedió que se hundió el cielo, el Sol no seguía su camino; al llegar al mediodía se hacía de noche, y cuando oscurecía los tigres se comían a la gente. Y dicen que bajo este Sol vivían los gigantes, que así se saludaban: "No se caiga Ud., porque el que se cae, cae para siempre".

–El tercer Sol que hubo, bajo el signo 4, Lluvia, se llamó Quiahutcnatiuh (Sol de Lluvia de Fuego). En él sucedió que llovió fuego sobre las personas, y los que en él vivían se quemaron. Y dicen que en él llovieron guijarros, y que ésos son las piedras que ahora vemos; que hirvió la piedra Tezontle, y que entonces se enrojecieron los peñascos.

–El cuarto Sol, bajo el signo 4, Viento, se la llamó Ehecatonatiuh (Sol de Viento). En éste todo se lo llevó el viento. Entonces todas las personas se volvieron monos, y fueron esparcidas por las selvas y los bosques.

–El quinto Sol, bajo el signo 4, Movimiento, se llamó Ollintonatiuh (Sol de Movimiento), porque se mueve, sigue su camino. Y como andan diciendo los viejos, en él *habrá movimientos de tierra, habrá hambre, y así pereceremos...*"

Una semana después de la conjunción planetaria y el eclipse de Sol del 11 de agosto de 1999, se habían registrado en todo el mundo más de 30 terremotos y sismos, algunos de gran intensidad, como los de Turquía y Grecia, que provocaron miles de víctimas. También hubo movimientos sísmicos en países de Centro América y en Perú.

Dado que los nombres de los soles anteriores corresponden a la fecha en que fueron destruidos – escribe Scott Peterson en su libro "Profecías de los indios americanos" – sabemos que los aztecas creían que la Quinta Era terminaría en la fecha 4, Movimiento. Desgraciadamente, sólo indican el día pero no el año. De acuerdo con la tabla publicada por el arqueólogo Alfonso Caso, dicho día corresponde al 10 de mayo del calendario gregoriano. Según la profecía, los terremotos y el hambre devastarán la Tierra, y en ese día decisivo de un año desconocido, la Quinta Era llegará a su fin".

Otras Obras de la editorial Aimee SBP™

Un Regalo para el Alma, *José María Ventura.*

El libro original que conmovió y cambió la vida de miles de lectores. Una hermosa colección de historias, anécdotas y pensamientos que te inspirarán y motivarán a alcanzar tus metas (ilustrado). Todos necesitamos de vez en cuando un "empujoncito" para inspirarnos, levantar el ánimo y seguir nuestro camino... Este libro te traerá paz y felicidad en momentos difíciles.

Un Regalo para el Alma 2, *José María Ventura.*

Este segundo libro continúa tu jornada hacia la conquista de tus sueños y metas. Nuevas narraciones, anécdotas y pensamientos que te inspirarán y motivarán a alcanzar tus metas. (Contiene ilustraciones). Incluye clásicos como "El abrazo del oso" y "Desiderata" entre muchos otros.

Un Regalo para el Alma 3, *José María Ventura.*

Tercer libro en la exitosa serie, con más narraciones, anécdotas y pensamientos que te inspirarán y motivarán a alcanzar tus metas. (Contiene ilustraciones). Incluye clásicos como "En vida, hermano en vida" y "Huellas" este libro te motivará y hará reflexionar, y así te llenará de entusiasmo para luchar por conquistar tus sueños.

Pilares de la Excelencia *José María Ventura*

Todos poseemos todo lo necesario para cambiar y mejorar nuestras vidas. Pero el primer paso es estar convencidos de que lo podemos hacer. Este libro te presenta los 10 Pilares de la Excelencia; al conocerlos y ponerlos en práctica, lograrás no sólo el éxito que te propongas, sino que trascenderás hacia la excelencia obteniendo una vida más plena y feliz.

33,000 Nombres para Bebé

Compendio de los nombres más populares. Descubra el origen y significado de más de 33,000 nombres de origen Italiano, Latín, Hebreo, Griego, Germano, Árabe, Inglés, Castellano, Francés; así como nombres menos comunes de origen Maya, Tarasco, Inca, Azteca y Náhuatl.

Nuevo Diccionario de los Sueños

Todos recibimos mensajes en nuestros sueños, estos mensajes nos ayudan a tomar decisiones, nos previenen de situaciones negativas o peligrosas y nos comunican mensajes divinos. Este es un libro práctico y completo que le ayudará a interpretar más de 2,000 sueños.

200 Poemas de Amor
Colección de oro de los más famosos autores

Una selección de las más bellas poesías de amor de todos los tiempos. Incluye poemas de: Pablo Neruda, Amado Nervo, Rubén Darío, Gabriela Mistral, Gustavo A. Bécquer, Federico García Lorca, Antonio Machado, Mario Benedetti y Juan Ramón Jiménez entre otros.

Mi razón de vivir, *Eduardo Cholula*

Es un libro fabuloso, lleno de inspiración y motivación que te contagia a ser un mejor ser humano. Nos enseña como eliminar la insatisfacción y reemplazarla con la grata sensación de felicidad y autorrealización por medio del conocimiento de uno mismo.

La Misión de los 7 Sabios: Parábolas del Éxito, *Eduardo Cholula*

La Misión de los 7 Sabios es un libro que atrapará tu imaginación, y que no querrás soltar hasta concluir su lectura; logrará cautivarte sembrando en lo más intimo de tu corazón las semillas que germinarán todos tus fantásticos logros. Es un libro lleno de magia que te transportará por el camino que tu quieras elegir, el resto lo tienes que hacer tú. Dios da el alimento, pero nosotros lo tenemos que tomar y digerir, Dios pone agua en el arroyo, pero nosotros tenemos que ir y tomar agua.

Como un hombre piensa, así es su vida, *James Allen*

Esta obra ha sido traducida a más de cincuenta idiomas y ha cambiado la vida de millones de lectores. En ella, el autor plantea la idea de que nuestros pensamientos son las semillas de aquello que más tarde fructificará en nuestras vidas. Este libro, –convertido ahora ya en un clásico–, ha influenciado e inspirado poderosamente a un sinnúmero de escritores y motivadores famosos, entre ellos: Norman Vincent Peale, Brian Tracy, Mark Victor Hansen, Denis Waitley, Anthony Robbins y Og Mandino. Muchas de las obras de estos reconocidos autores contienen en su base más fundamental, los principios e ideas de James Allen. Este libro es una joya de ética, virtud y responsabilidad personal.

La Ciencia de Hacerse Rico, *Wallace D. Wattles*

Es un libro práctico para conseguir el éxito y la prosperidad en la vida mediante un cambio de actitud y un desarrollo personal. ¿Piensas que la obtención de la riqueza es una ciencia exacta, como las matemáticas y la física? ¿Existen leyes y principios que, si los sigues al pie de la letra, podrán garantizar tu éxito? Y si es así ¿Dónde está la evidencia de todo esto? El autor tiene las respuestas a todas estas preguntas, y un gran número de escritores, conferencistas y líderes del éxito han tomado lo que él escribió, y lo han aplicado en sus propias vidas con resultados excepcionales. Si estás listo para abandonar las excusas y comenzar tu jornada hacia la riqueza y la prosperidad, este es el libro que habías estado buscando. Únete a los miles de triunfadores que han descubierto y a diario practican La Ciencia de Hacerse Rico.

Tesorso del Saber: Cultura, Conocimiento y Entretenimiento para todos

1. Breve Historia de México.
2. Breve Historia de El Salvador.
3. Metafísica para una vida mejor.
4. Horóscopo Sensual.
5. Ángeles. Tus guías espirituales.
6. Sueños. Tu futuro develado.
7. Inglés fácil y rápido para todos.
8. Inglés Básico en 10 lecciones.
9. El Principito, Antoine de Saint–Exupéry.
10. 20 Poemas de amor y una canción desesperada, Pablo Neruda.
11. Nombres para Bebé.
12. Un regalo de Dios
13. El libro de las Profecías.
14. Curso básico de guitarra.
15. La magia de ser Mamá.
16. Poesía Sensual.
17. Pedro Infante.
18. Los Mayas.
19. Los Aztecas.
20. Kamasutra Moderno Vol. 1, 2 y 3
21 Narcos Famosos
22. Narcos Famosos Vol. 2.
23. Los mejores chistes del mundo.

Made in United States
Orlando, FL
29 March 2024